KB235568

소중한
나를위한
기 악친·여행

2011년 11월 5일 초판 1쇄 펴냄

지은이 · 그린이 이소발
발행인 김산환
편집인 조동호
편집 이상재 윤소영
디자인 이영규
출력 버닝
인쇄 정민문화
펴낸곳 꿈의지도
주소 경기도 파주시 교하읍 문발리 출판단지 516-2
전화 070-7535-9416
팩스 0505-991-9416
홈페이지 www.dreammap.co.kr
출판등록 2009년 10월 12일 제82호

ISBN 978-89-97089-06-2-13940

소중한 나를 위한 착한 여행

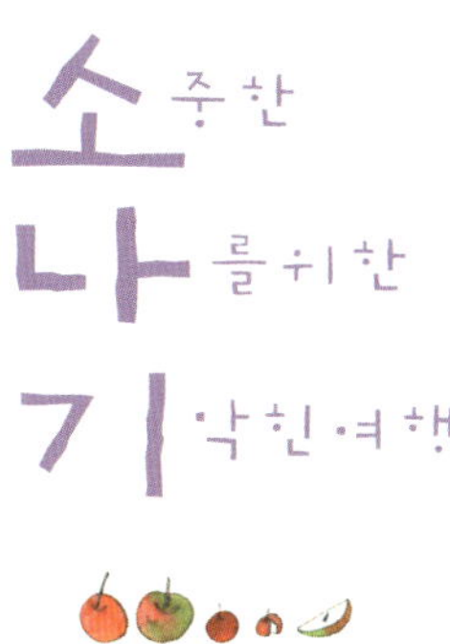

이소발 지음

꿈의지도

신발을 주제로 많은 그림을 그렸다.
수   없 이   많 은   밤 을   새 며,
신발 속에 담긴 욕망과
내 안에 담긴 꿈을 생각했다.

지금 서 있는 곳에서 벗어나 어디로든 가는 것. 낯선 곳으로 가서 기존의 나와는 다른 얼굴로, 다른 패턴으로 살아보고 싶다는 열망. 그것이 나의 오랜 꿈이었다는 걸 깨달았다. 내가 그토록 신발에 집착했던 이유도 그 때문이었는지 모르겠다.
스물다섯, 누구나 겪는 홍역처럼 청춘의 나이를 앓았다.
그리고 결국 꿈을 꾸듯 캐나다의 구엘프로 날아갔다. 그곳에서 나는 학위를 따지도 않았고, 돈을 벌지도 않았고, 연애를 하지도 않았다. 남들처럼 대단한 여행 기록을 세우거나 특별한 체험을 하지도 않았다.
에이, 뭐야. 그럼 아무 것도 안 하고 뭐했어? 어쩌면 누군가 흉을 볼지도 모르겠다. 그러나 나는 학위를 따고, 돈을 벌고, 연애를 하는 대신 지친 내 영혼을 돌보았다.

남들보다 뒤쳐져선 안 돼.
남들 하는 건 다 해봐야지.
남들보다 제일 잘나가는 걸 목표로!

그렇게 십대를 보냈고, 전쟁 같은 입시를 치렀고, 가난한 이십대를 보내는 중이다. 그리고 높은 취업의 문턱과 적당한 경제적 타협으로 성사되는 결혼 앞에서 뿌리 깊은 회의와 절망을 느끼는 중이다. 그런 척박한 이십대의 한복판에서 헤매다, 더는 숨이 막혀 살 수 없을 것 같던 어느 날.

문득 떠났던 구엘프에서, 자살로 생을 마감하고 떠난 아들 때문에 슬퍼하던 노부부를 만났다. 그들은 죽을 것 같던 나의 영혼을 떠난 아들인 듯 보살펴주었다. 그리고 인생은 경쟁이 아니란다, 위로해 주었다. 그리고도 오히려 자신들을 살린 건 나라고 고마워했다. 서로가 서로를 살리고, 서로에게 위로가 되는 관계. 그런 인연. 그것이 어쩌면 우리가 사는 이유가 아닐까, 싶다. 누군가에게 따뜻한 존재가 되는 것.

'올리브와 그이도'를 통해 고갈된 내 안의 에너지를 보충했다. 누군가 에너지도 바닥나고, 용기도 사라지고, 살아갈 의욕까지 모두 잃었다면 부디 당신도 죽지 말고 떠나라.

그리고 영혼을 돌보는 시간을 가져라. 소중한 나를 위한 기막힌 여행의 시간을!

이 여행을 할 수 있게 기회와 용기를 주신, 사랑하는 나의 부모님과 구엘프에서의 시간을 함께해준 멀리 있는 나의 두 번째 엄마, 아빠 올리브와 그이도에게 이 책을 바친다.

Olive & Guido,
Thanks a lot for all you have done!!

CONTENTS

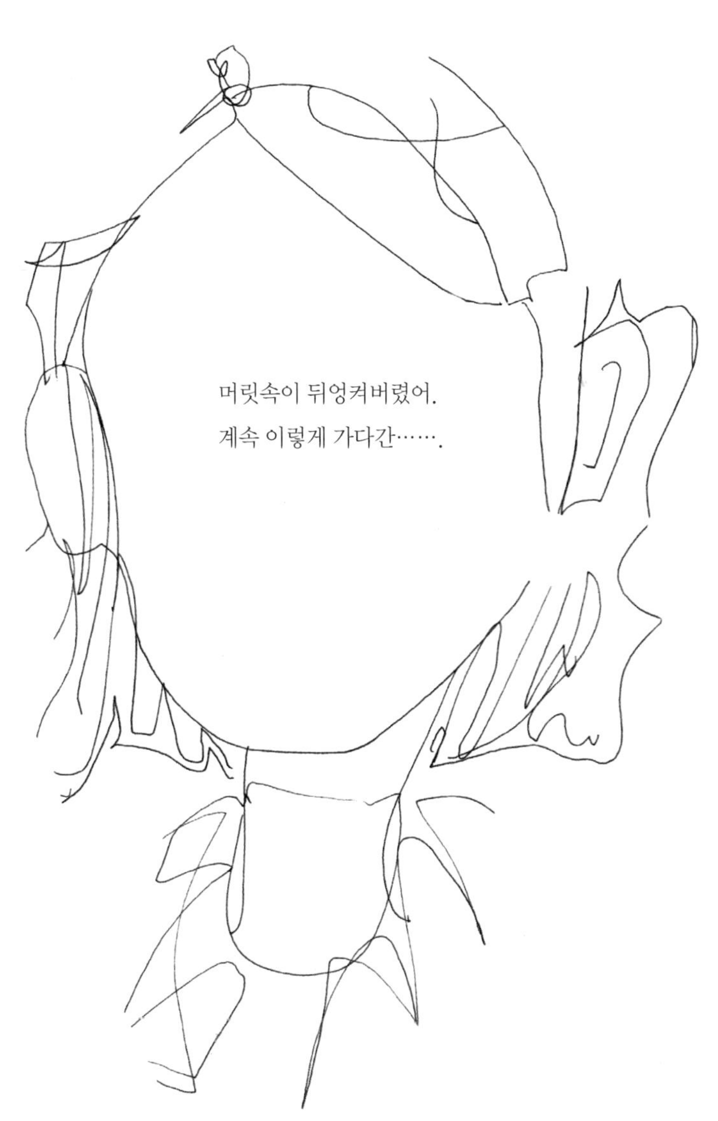

머릿속이 뒤엉켜버렸어.
계속 이렇게 가다간…….

괴물이 될 것 같아.
나도 날 알아볼 수 없게.

내가 진심으로 원했던 삶이
무엇인지도
잃어버렸어.
강물 위에서 놓쳐버린 신발처럼.

사랑하는 가족들과
소중했던 어린 시절을 떠올려 봐도
나의 꿈은
점점 아득해져.

534
106

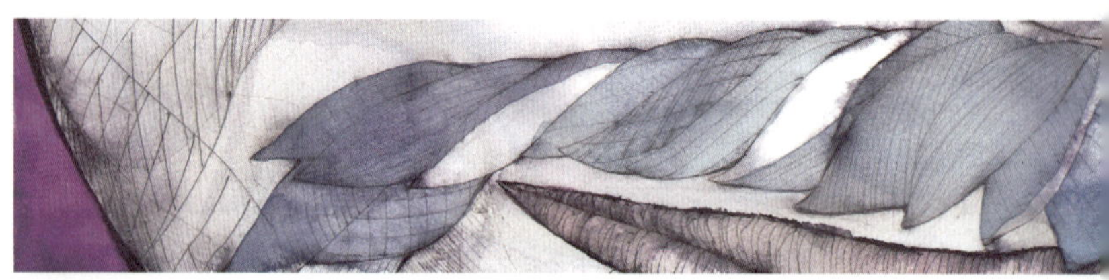

비대해져버린 세상은

끝없는 욕심을 강요해.

신발 속에 갇혀
멍들어 가는 발톱처럼
세상에 갇혀
꿈을 잃어가는 나.
아직 꼼지락대는 발톱 끝에
떠나고 싶다는
욕망을 매단 채로.

The Thin
Do You Really "rECU
Freeview: Which
LOHAS: More tha
Fashon Terms
Eco-Frie
Loan
Say
ulturati
05
08
12
14
16
17
18
20

어디든 가겠어.
왜?
계속 이렇게 살 순 없잖아.
돈은 있고?
만들면 돼. 꼭 가겠다면 가져.
뭐든 그렇지. 꼭 하겠다면 해져.
다르게 살겠다고 마음먹으면 다르게도 살아질까?
아마도! 꼭 그러겠다면.

떠
남

스물다섯,
뜨거워서 참을 수 없는

스무 살만 넘으면 된다고 믿었어. 난 특별하니까. 모두 똑같이 입고 있는 교복만 벗으면, 세상이 날 알아봐줄 것만 같았어. 유명해지고, 돈도 벌고, 뜨겁게 사랑도 하는, 찬란한 미래를 꿈꿨지. 허나 스물다섯 살이 되도록 세상은 나를 주목하지 않아. 내가 결코 특별한 사람이 아니었다는 것이 점점 명백해져. 그걸 확인하게 될수록 불안해.
그렇다고 내 인생을 대충 흔하디 흔한 모습으로 흘러가게 마냥 두긴 싫어. '그림 쫌 잘 그리는 아줌마'로 살긴 싫은 내 마음, 알잖아. 아무 것도 이루지 못한 채 서른이 되긴 싫은데…….

마음껏 그림을 그리고 싶었어.

내가 그린 그림이 나를

먹여 살려준다면 얼마나 좋을까.

그럼 내 좁은 작업실 안에서도 난

충분히 행복할 텐데.

첫 번째 전시회를 끝냈을 때, 내 그림들이 내 손에 700만
원을 쥐어줬어. 나에게 밥이 되어준 첫 그림 전시회. 그
러나 나의 영혼이 담긴 내 그림 값은 다시 물감을 사고,
종이를 사기에도 모자라. 그 날, 그림들을 모두 팔고 난
후 난 자조 섞인 목소리로 말했지.
　　“엄마, 내 연봉은 700만원이야.”

참, 쓸쓸하더라고.

배고픈 화가로 평생 살긴 싫었어. 그림만 그리면서 살고
싶지만, 난 고흐가 아니잖아. 죽을 때까지 나에게 물감
을 사줄 동생 테오도 없어. 돈을 갚지 않아도 좋다는 후
원자는 나타나지 않아. 언제까지 부모에게 손 내미는 철
부지 딸이기는 싫어. 나도 이제는 나를 먹여 살리고 싶
어. 당당하게!
나는 내 영혼이 담긴 그림들을 모두 팔아, 저 멀리로 떠
날 거야.

아주 멀리 떠났다가 돌아오면, 새로운 길이 찾아질까?
하고 싶고,
되고 싶은 게 너무 많은데
아직은 아무것도 보이지 않는
내 나이 스물다섯.
더 이상 늦추면 안 될 것만 같은 조급함이 다가오는 나이.

웬디처럼

단단한 아빠의 발등 위에 내 작은 발을 얹고 뒤뚱뒤뚱 춤을 춰.
나는 한껏 뒤로 몸을 젖혀도 좋아. 아빠의 큼지막한 손이 내 손
을 꽉 잡고 있으니까. 아빠 발이 움직일 때마다 빙글빙글 세상
이 움직여. 까르르 까르르 웃음이 터져 나와.
난 마냥 행복한 아빠의 작은딸.
난 언제까지 아빠의 다섯 살배기 딸로 살고 싶었어. 어른이 되
지 않는 피터 팬과 함께 나도 나이 먹지 않는 어린 웬디로 영원
히 살 수 있다면!
하루 종일 방바닥에 배를 깔고 엎드려서 그림만 그리던 꼬마아
이. 알록달록 크레용 하나면 배고픈 줄 모르던 아이.

　"아빠, 그림 그리는 게 참 좋아."
　"그래. 너의 그림은 늘 최고야."

내 그림은 정말 최고였어.
아빠에게만큼은!

NO
PARKING
ANYTIME
VENDOR
PERMIT
PARKING
ONLY

보내는 사람

받는 사람

소 주한
나 를 위한
기 막힌 여행

이소빌 지음

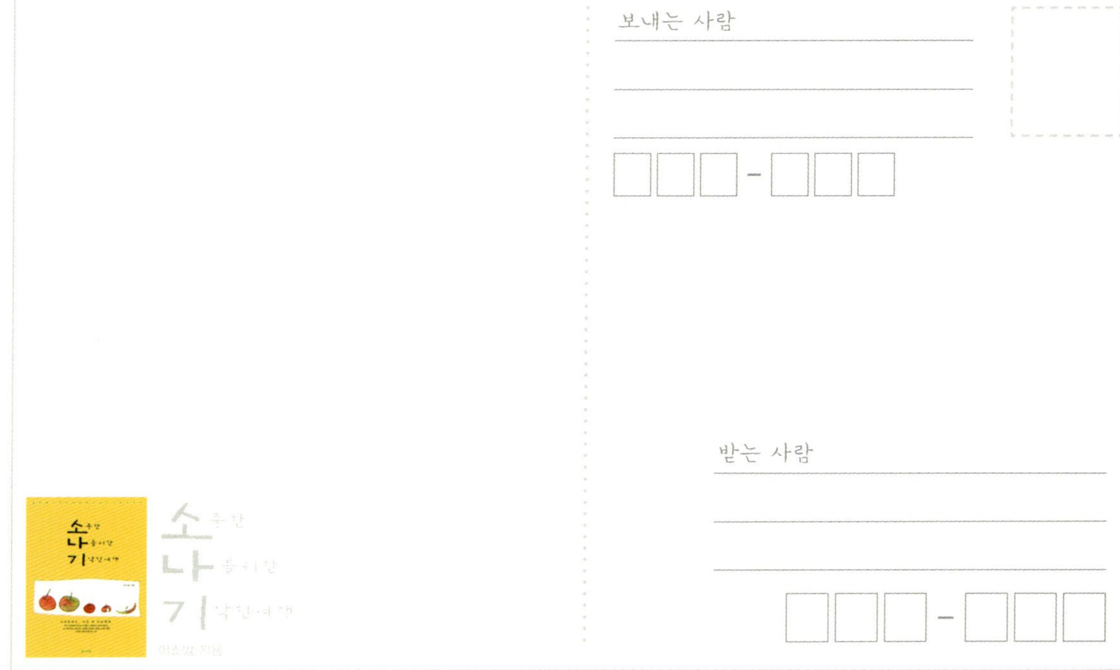

보내는 사람
받는 사람
소 중한
풀이 된
소나기 약진·여행
이소망 지음

보내는 사람

□□□-□□□

받는 사람

□□□-□□□

소 수만
나 를위한
기 악단여행

이소영 지음

보내는 사람

받는 사람

세월이 흘러, 아빠도 나도 자꾸만 나이를 먹어. 우리는 네버랜드에 살지 않으니까. 난 웬디가 아니고, 어쩌면 내 그림이 최고라는 아빠 말도 거짓말일지 몰라. 그걸 깨달아갈수록 아빠의 흰머리가 보여. 더 이상 젊지 않은 아빠.

어느 날 아빠의 낡은 신발을 보았지. 무정하게 흘러가버린 아빠의 청춘과 녹슨 꿈이 담겨 있는 신발. 신발은 누군가의 등을 볼 때처럼 쓸쓸해. 감출 수 없고, 속일 수 없는 내면을 드러내 주지. 난 오래오래 아빠의 신발을 들여다보았어.

"내 그림에도 날개가 달리면 나도, 아빠도
구름보다 가볍게 하늘을 날 수 있어요.
영원히 나이먹지 않는 피터 팬처럼,
웬디처럼!"

그림이 내게
선물해준 자전거

"새 자전거가 갖고 싶어요. 기어가 달린!"

"안 돼."

엄마는 단호했다. 엄마가 안 된다고 하면 그건 안 되는 거였기 때문에, 난 한 번도 엄마를 꺾어본 적이 없었다. 이번에도 기어 달린 자전거는 먼 바람일 뿐이었다.

"케이블TV에서 미술대회가 열린대. 너도 나갈래? 일등하면 15단 기어 자전거를 준대!"

친구의 제안에 귀가 번쩍 뜨였다. 역시 인생은 늘 절망의 순간에 반전을 이루지. 엉겁결에 친구를 따라간 그 미술대회에서 나는 뜻밖에도 일등을 했다. 그리고 자전거를 받았다. 기어달린 자전거!!

NO
PARKING
ANYTIME
VENDOR
PERMIT
PARKING
ONLY

나의 그림이 나에게 자전거를 선물해준 날. 난 참 행복했다. 마치 세
상을 다 가진 듯한 기분. 내가 그린 그림이 자전거가 되다니!
그 날 이후부터 난, 날마다 그림을 생각했다. 그림을 그리고, 그림을
보고, 늘 그림과 살았다. 엄마는 내가 그림 그리는 것을 반대했지만,
끝내 날 꺾지는 못하셨다.

누군가에게 전부인 것은 그만큼 힘이 세다.
전부를 건 사람과는 싸워 이길 수 없으니.
무엇하나 내세 울 것 없던 내게
그림은 전부였던 것이다.

사과하세요,
내 마음에게

지쳐 있는 내 마음에게 사과하세요.
쉴 틈도 주지 않고, 계속 쪼아댔죠.
외로움을 피하기 위해
그토록 마음을 혹사시켰는지도 몰라요.

더 쿨해져!
바보처럼 미련 갖지 마!
자존심도 없니? 외면해버려!
쉽고 편한 길로 가는 거야.

자꾸만 채근하고 닦달했어요.
그런데도 내 마음은 계속 설레었죠.
핸드폰의 진동처럼 혼자 흔들렸어요.

많이 힘들었을 거예요, 내 마음은.
아무 것도 마음대로 하지 못했어요.
그런 시간이 너무 길었죠.

이제는 사과할게요, 마음에게.

마 음 대 로 하 세 요 .

올빼미를 위하여

The early bird catches the worm!

그래. 좋은 말이야.

늦게 일어나면 게으름뱅이. 사람들은 늘 일찍 일어나는 게 부지런한 거라고 말하잖아. 나처럼 점심 때 일어나는 사람은 몹쓸 습관을 가진 루저. 하지만 난 억울해. 난 게으름을 피운 적이 없어. 빈둥대며 놀지도 않아. 밤새 그림을 그리고, 책을 보고, 생각을 해. 왜 사람들은 밤을 잠으로 다 보낼까. 그 아름다운 밤들을 잠으로 흘려보내기가 너무 아까워. 사람들은 내가 이해가 안 된대. 난 사람들이 이해가 안 돼. 세상과 나는 다른 눈을 가졌나봐.

깜깜한 밤은 한 가지에 집중하기 좋은 시간. 온몸에 감기는 봄밤의 꽃 향기에 취해. 무더운 여름밤의 소나기에 온몸을 던져. 서늘한 가을밤 바람소리에 귀를 기울여. 소복소복 흰 눈 쌓이는 겨울밤에 철저히 혼 자가 되기도 해.

모든 사람들이 벌써 한나절을 다 보내고 점심 식사를 마칠 즈음. 밝은 햇살에 눈이 따가워지면 겨우 잠을 깨. 나만 놔두고 모두 어디론가 가 버린 듯 텅 빈 도시. 한적한 낮 한 시, 혼자 버스를 타. 학교 가는 학생 들도 없고, 출근하는 아저씨들도 없는 버스 안. 아무데나 골라 앉아도 될 만큼 많은 빈자리. 버스 뒤쪽 창가 자리에 앉아 뿌연 창밖을 바라보 는 게 좋아. 지난밤에 내가 몰입했던 음악, 내가 몰입했던 그림 작업 을 떠올리면 행복해.

물론 어려움은 있어. 오전 수업은 듣기 힘들지. 교수님들께 난 불성실 한 학생일 수밖에 없고, 친구들에게 난 연락 잘 안 되는 아이야. 하지 만 난 내 룰대로 살겠어. 새벽에 일어나 출근하는 너에게 내가 태클 걸 지 않듯, 너도 내 삶을 인정해주면 안 될까. 그냥 각자의 사이클대로 움직이게 놔둘 순 없을까. 대신 난 약속할게.

어떤 누구의 낮보다
뜨거운 밤을 보내겠다고.

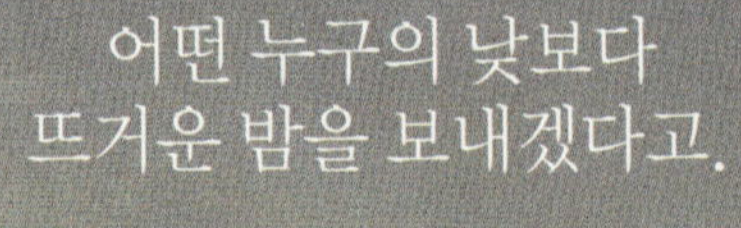

자퇴갈망증

철들면서부터 깨달았어. 난 학교라는 시스템과 맞지 않는 사람.

중학교 때부터 본격적으로 문제가 붉어졌어.

끼리끼리 어울려 다니는 다른 여자아이들처럼, 나도 서너 명의 친구들과 늘 함께 붙어 다녔거든. '친구'는, 내가 지긋지긋한 학교에 가는 유일한 이유였고, 재미였어. 같이 놀고, 밥 먹고, 누군가를 험담하기도 하면서 그럭저럭 잘 지냈어, 얼마 동안은.

난 그게 몹시 불안한 우정이란 것도 몰랐지. 병아리 깃털만큼이나 가볍고 종잡을 수 없는 게 사춘기 여자 아이들의 마음인데! 어제까지 잘 놀던 친구들에게서 갑자기 쌩, 찬바람이 불 때의 기분, 넌 아니?

내가 투명인간이라도 된 줄 알았어. 아무도 내게 말을 걸어주지 않고, 아무도 나를 쳐다보지 않는 거야. 내가 왕따가 되어 있더라고.

어느 날 갑자기!

단지 네 명의 아이들이 내게 등을 돌렸을 뿐인데, 난 세상으로부터 버려진 것 같았어. 온 세상이 내게 등을 돌린 것처럼 암흑천지였어.

친구들에게는 이유가 있었을 테지만, 난 알지 못했어. 한 명 한 명 붙들고 해명을 하거나 사죄를 할 수도 없고!

철저하게 혼자가 됐지. 체육 시간에도 혼자 서 있고, 밥도 혼자 먹으
면서 생각했어. 내가 더 이상 학교에 다닐 이유가 없어졌네, 하고.
그 때부터였나 봐. 자퇴갈망증에 걸린 게.

"학교를 그만 둬야겠어요."

그러나 잔뜩 풀죽은 채 폭탄선언을 한 나에게, 부모님은 완강하셨어.

"무슨 일이 있어도 견뎌라.
그래야 강해진다."

내가 마음을 붙일 수 있는 곳은 미술학원뿐이었어. 외로울 때마다 나
는 더 열심히 그림에 몰두했어. 하지만 예고입시에서 보기 좋게 낙
방! 일반 여고에 진학하고 말았어. 엄마와 사생결단 싸우면서까지 꼭
가겠다고 우겼는데! 조금 쪽팔리는 내 인생 첫 시련! 하지만 마음에도
없던 일반 고등학교는 정말 다니고 싶지 않았어.

"학교를 그만 둬야겠어요."
"그만 두면?"
"검정고시 볼게요. 어차피 대학이 목적이라면 그게 빨라요."

"대학이 목적은 아니야!"

할 수 없이 또 자퇴포기. 학교 선생님이신 엄마는 날 더욱 이해하기 어려우셨을 거야. '남들과 똑같이, 남들처럼!'이 목표인, 지극히 평범한 대한민국의 부모님이니까. 난 부모님을 꺾을 용기도, 고집도 부족했어. 결국 또 꾹 참고 졸업을 했어. 드디어 대학생~!
하지만 대학도 혼란스럽기는 마찬가지. 학과 커리큘럼도 마음에 안 들고, 입시미술로 인해 그림 그리기 자체도 지쳤어.

"학교를 그만 둬야겠어요."

헉, 나는 자퇴를 해보기 위해 진학을 했나? 매번 되풀이 되는 나의 자퇴 레퍼토리에 부모님도 조금 식상하셨을 거야. 양치기소년의 말처럼 이젠 아무도 내 말에 신경 쓰지 않더군!

"더 길게 생각해 보렴."

단 한 번도 성공해 보지 못했지만, 나는 늘 자퇴를 꿈꿔. 그러면서도 한편으로는 대학원 가서 공부할 궁리를 또 하지. 끊임없이 자퇴를 갈망하면서도 가방끈을 놓지 못하는 병. 이 병의 원인은 뭘까? 무엇으로 이 병을 치료할 수 있을까?

학교를 그만 둬야겠어요.
학교를 그만 둬야겠어요.
학교를 그만 둬야겠어요.
무슨 일이 있어도 견뎌라. 그래야 강해진다. 대학이 목적은 아니야! 더 길게 생각해 보렴.

신발의 꿈

어느 시인이 '구두에 관하여' 말했다.
'내가 걸어 다닌 길들의 역사'라고.
정말 그 때문일까?
내가 걸어 다닌 길들의 역사가
신발 속에 오롯이 담겨 있다는 점이 나를 매료시켰을까?
나는 오랫동안 신발에 집착했었다.

철없던 어린 시절부터였던 것 같다. 처음 사람을 만나면 가장 먼저 신발이 눈에 들어왔다. 새로운 신발을 보면 어김없이 그 속에 내 발을 슬그머니 넣어보았다. 터무니없이 커다란 신발 속에서 꼼지락꼼지락 발가락을 움직여보는 게 좋았다. 친구 생일파티에 갔다가, 그 집 현관에 얼키설키 가득 놓인 친구들의 신발을 보고, "애들 엄청 많이 왔네?" 하다가 나도 모르게 울컥 눈물이 날 뻔 했다.

저 반짝거리는 구두는   왕공주 유혜진꺼
저 끈 풀린 운동화는   덜렁이 정태훈꺼
꼬질꼬질 더러운 운동화는   떼쟁이 박동규꺼
다 해진 축구화는   숫돌이 김경수꺼
...

누구누구가 와 있는지 다 맞출 수 있었다. 그게 왜 슬펐을까. 묵묵히 제 주인을 닮아가는 신발들. 어린 나에게 그 때의 신발들이 뭐라고 말을 걸었던 걸까.

굽이 닳아 뭉툭해진 엄마의 구두를 오래오래 쳐다보기도 했다.

　‘엄마는 이 구두를 신고 또각또각, 날마다 아이들을 가르치러 학교에 가지. 또각또각……’

엄마 신발에서는 야무진 엄마 소리가 났다. 또각또각!

날마다 신발만 그리고 있는 내게 사람들은 물었다.

　“넌 왜 만날 신발만 그려?”

　“신발 디자이너가 되려고!”

그러나 나중에 알게 되었다. 내가 되고 싶었던 것은 신발 디자이너가 아니었다. 멋지고 아름다운 신발은 세상에 너무나 많다. 훌륭한 신발 디자이너도 많다. 어쩌면 내가 되고 싶었던 것은 신발과 소통하는 사람이었는지도 모른다.

신발이 지나온 길을 기억해주는 사람.
미천한 신발의 이야기를 들어주는 사람.
신발에게도 꿈이 있다는 걸 알아봐주는 사람.

그리하여 내 그림 속 신발들이 저벅저벅
누군가의 마음속으로 걸어들어갈 수 있도록 하는 것.
그것이 신발을 사랑하는 내가
진심으로 하고 싶었던 것이었는지도!

  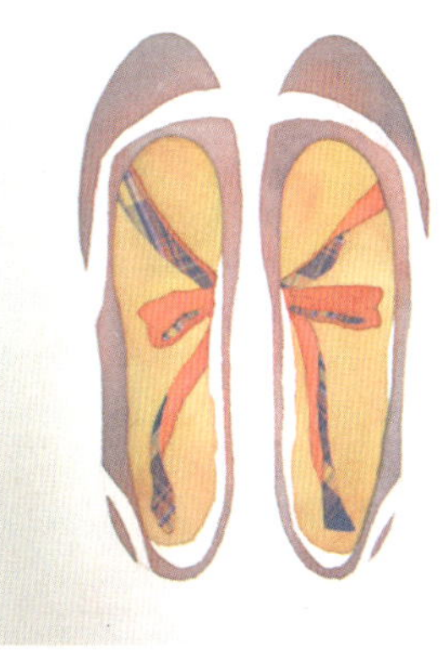

오랜 시간, 신발과 마주 앉아있으면서 알게 되었다.
신발에는 내가 걸어온 길들의 역사뿐만 아니라
내가 걸어갈 미래의 시간들도 담겨 있다는 것을.
댓돌 위에 아무렇게나 벗어던진 고무신 한 짝도
어딘가로 떠나고 싶어 한다는 것을.
끊임없이 어딘가로 떠나고 싶어 하는 것.
그것이 바로 신발의 꿈이고, 나의 꿈이었다는 것을.

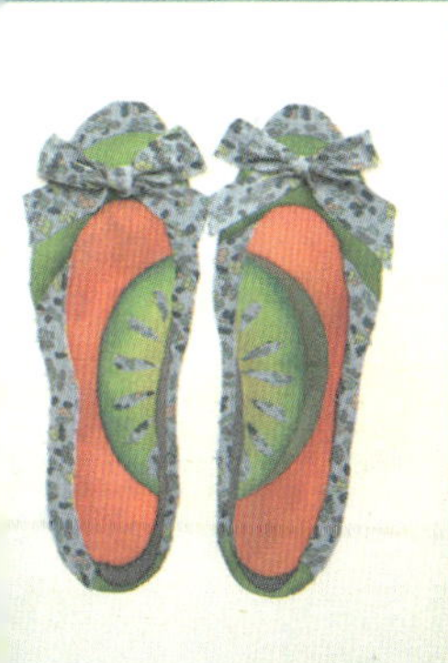  

사랑에게

그는 나를 사랑하고,
나는 당신을 사랑하고,
당신은 그녀를 사랑하고,

어쩔 수 없어, 엇갈림은
사랑의 본질이라서

내가 사랑하는 건 당신이지만,
당신이 사랑하는 건 내가 아니라서
당신 대신 나는
그를 사랑하기로 했었죠.
사랑에도 2지망이 있다고 우기며.

그러나 대신할 수 있는 건
사랑이 아니었던 거죠.
매번 뒤틀리고 꼬이기만 했던 사랑.

그래도 나는 여전히 사랑을 꿈꿔요.
이별을 겁내지 않으려고요.
사랑하지 않는 청춘은 불행하니까.
이별조차 하지 않는 청춘은 더 불행하니까.

잊으러 가는 건 아니에요.
다만, 닿을 수 없게 멀리 있다 보면
나를 사랑한 그도,
내가 사랑한 당신도,
당신이 사랑한 그녀도,
어긋나기만 하던 우리들의 사랑도
모두 희미해질 거예요.

떠나보면, 지나보면,
아픈 사랑도, 복잡한 것만 같던 실타래도
술술 풀리고 아물 테지요.
그 역시 사랑의 본질이라서.

잘못된 만남

짝을 잘못 찾았군요.
그래서 힘들었던 거예요.

겉으로만 잘 어울리는 건 소용없어요.
모습이 꼭 닮았다고 좋은 짝도 아니잖아요.
이상형을 만나 사랑했어도
내 짝이라는 보장은 없잖아요.

신어보고, 만져보고, 걸어 봐도,
잘 맞는 짝인지
확신이 서지 않아요.

짝을 잘 찾아야
힘들고 먼 길을 끝까지 갈 텐데요.

난 아직도 짝짝이 신발을 신고
한 걸음 한 걸음 불안하게 내딛죠.

I'm my fan

"특별할 것 없는 나에게도 마법 같은 사건이 필요해!
울지 않고 매일 꿈꾸기 위해서~
……

내보일 것 하나 없는 나의 인생에도 용기는 필요해!
지지 않고 매일 살아남아 내일 다시 걷기 위해서~"

헤드셋을 쓰고 큰 소리로 노래를 따라 불러.
나에게만 들리는 노래.
나만을 위한 노래.
자우림의 콘서트에서처럼 미친 듯이,
신나게 놀아!

아무도 나를 거들떠보지 않아, 고맙게도!
내 맘대로 춤을 출 수 있어, 다행히도!

이제는 나를 사랑할 시간.
내가 나를 안아주고
내가 나를 응원하고
내가 나를 위로하여
마침내 나 스스로 홀로 설 시간.
지금이야, 바로 지금!

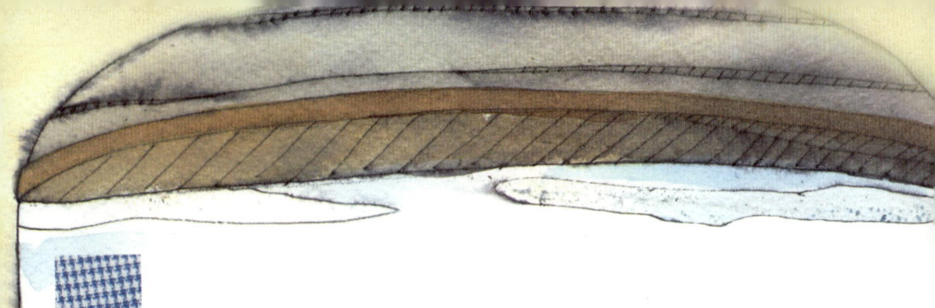

여행은 인생 리셋

나, 가려고.
어디로?
캐나다 시골로.
어학연수 가는구나.

친구는 너무나 쉽게, 당연하게 말했다. 맞다, 어쩌면 내가 떠나는 형식은 어학연수가 맞을지도 모르겠다. 그러나 '어학연수'라는 단어는 나의 '떠남'을 규정하기에는 적합하지 않다. 영어를 갈고 닦기 위해 떠나는 것만은 아니니까.

난 리셋^{reset} 하러 가는 거야. 백 살까지 사는 인생에서 한 쿼터를 다 마쳐가는데도 말이야. 지난 삶의 내용이 썩 마음에 들지 않아.

앞으로 남은 세 쿼터도 그다지 달라질 것 같지 않고.
그래서 난 모든 걸 다시 시작하기로 했어, 처음부터.

뭔가 내 뜻대로 하나도 안 됐고,
망쳤다는 생각이 들 때,
다 지워버리고 싶을 때.
인생을 리셋하는 방법이 바로 여행!

속 썩이는 연인의 뻔뻔스런 얼굴에 확,
물 한 컵을 끼얹듯!
자존심을 짓밟은 상사 앞에 보란 듯이 휙,
사표를 내던지듯!
구질구질한 관계를 오래 끌어온 부부가 깔끔하게 꽝,
이혼 도장을 찍듯!
난 불화했던 이 땅을 보기 좋게 떠나려고!

모든 걸 다시 시작하고 싶다면, 너도 떠나. 리셋하고
싶다는 건, 이미 떠나고 싶다는 욕망이 가득 차오른
거야. 몸 여기저기서 근질근질, 찰랑찰랑.

고마워, 힘이 된다

말 한 마디에
힘이 펄펄 날 때가 있어.
마음이 시들시들해질 때
나를 다시 싱싱하게 만드는
시원한 물줄기 같은 너의 말

고마워,
힘이 된다.

만
남

나의 사랑 구엘프

내가 살고 싶은 나라의 조건.

첫째, 강과 호수와 나무가 아름다운 곳.
둘째, 전쟁과 다툼과 경쟁에서 빗겨나, 평화롭고 조용한 곳.
셋째, 사람들이 친절하고 너그러운 곳.
넷째, 눈만 뜨면 충격적인 이슈들로 가득한 곳 말고, 날마다 단순
한 일상들이 반복되는 곳. 그래서 가시 돋은 내 마음도 순하고 착
해지게 만드는 곳.

뭐야? 그런 심심한 데가 뭐가 좋아?
어떤 친구는 그랬다. 이해할 수 없다는 듯. 뭔 노인네 같은 소리냐고 핀
잔주며. 하지만 나같이 애늙은이 같은 취향의 20대 여자도 있는 거다.

홍대를 다닌 덕분에 학교 앞 시끄럽고 화려한 클럽도 다닐 만큼 다녀
봤다. 세계에서 가장 빠르고, 바쁘게 돌아가는 서울에서 태어나, 이십
여 년이 넘도록 빌딩 숲에 가로막힌 목동 한 복판에서 살았다. 이제는
눈부신 백화점보다 소박한 미술관이 더 좋다. 8차선 대로에 꽉 막힌

자동차들만 보다가 나란히 정답게 서 있는 강변 나무들을 보면 겨우 숨이 쉬어진다.

〈나의 라임오렌지 나무〉에서 제제가 밍기뉴와 이야기 나누고 위로받고, 친구가 되는 것을 이해하지 못했다. 나무와 친구하는 법을 배운 적이 없었으니까. 내게 〈나의 라임오렌지 나무〉를 읽고 독후감을 써 오라고 채근하는 대신, 나무와 친구 되는 시간을 허락해주었다면 얼마나 좋았을까. 나의 빈곤한 기억과 영혼이 지금보다 훨씬 풍성해지지 않았을까.

이제는 나무와 이야기 나누고 친구가 되고 싶다. 강물에 종이배도 띄워보면서 살고 싶다. 라이벌을 만드는 것보다 친구를 만드는 데 더 많은 노력과 시간을 들이고 싶은 거다.

이제 겨우 내 인생의 1/4, 1쿼터를 뛰었을 뿐인데, 에너지가 완전히 바닥나 버린 나, 혹은 우리들. 너무 일찍부터 전속력으로 달리기만 했던 우리들. 열 살짜리들에게도 더 맹렬하게 뛰라고 채찍질하는 세상. 대한민국에서의 삶이란 건 참 녹록하지 않았다.

난 갈 거야.
딱 일 년만이라도
향기가 있는 곳에서
살다 올 거야.

몇 날 며칠 인터넷을 뒤지다가
딱! 찾았다, 내가 원하는 그런 곳!

gom cafe

Guelph ?

캐나다 토론토 서쪽의 한 시골 마을. 인터넷을 뒤져도 잘 나오지 않는 곳. 겔프? 구엘프? 어떻게 불러야 하는지도 모르겠는 그곳. 분명 낯선 곳인데도 아주 오래 전부터 알았던 것처럼 친숙한 느낌으로 다가온 곳. 누군가의 눈빛이 갑자기 가슴에 들어와 박히듯, 'Guelph' 라는 이름이 첫 눈에 마음속으로 쏙 들어왔다.

하루 종일 자전거를 타고 강변을 달려도 좋을 거야. 위압적인 빌딩 숲에서 벗어나 나지막한 집들을 보면 내 욕심의 키도 조금씩 낮아질지 몰라. 햇빛이 잘 드는 넓은 테라스에서 그림을 그린다면 시간 가는 줄 모르겠지. 드넓은 초록 잔디 위에 누워 푸른 하늘을 마음껏 쳐다봐야지. 눈도 마음도 맑아질 거야.

생각만으로도 마음이 설레었다. 캐나다에서 가장 안전한 곳이라는 구엘프. 대학도시답게 홈스테이도 대학에서 직접 관리한다니 믿을만했다. 토론토에서 한 시간 반이지만, 대도시 토론토의 복잡함과는 사뭇 다른 곳이었다.

자, 이제 됐다. 나는 떠나기만 하면 된다.

가슴 뛰는 나의 청춘 프로젝트!

내 인생의 홀리데이를 구엘프에서!

반반 치킨 같은 마음

인천에서 나리타 거쳐 캘거리 돌아 토론토 도착, 다시 토론토 옆구리에 붙어있는 구엘프까지! 지구 반 바퀴를 도는 일은 비행기로도, 자동차로도 쉽지 않았다.

바람의 딸은 도대체 걸어서
지 구 세 바 퀴 반 을
어떻게 돈 거야?

물 먹은 솜처럼 점점 무거워지는 몸을 끌면서 구시렁거렸다. 피난민처럼 꾸역꾸역 싸들고 온 가방도 거추장스러웠다.

떠나기 전, 여러 개의 비행기티켓을 프린트하며(드라마에서 남자가 '일주일 뒤에 출국이야. 공항에서 기다릴게!' 하며 여자에게 건네는 것처럼 봉투에 담긴 비행기티켓이라야 제법 그럴싸한데… 이놈의 인터넷티켓은 영 폼이 안 나기는 하지만!) 설레었다. 뉴욕을 갈 때도, 홍콩을 갈 때도 티켓만으로는 크게 설레지 않았었다. 내일 떠나나? 가는

날까지도 실감이 나지 않다가 공항에 도착해서야 비로소 아, 신나! 그런 기분이었는데.

그 때와 분명 달랐다. 짧은 여행이 아니라 꽤 긴 시간 머물 예정이어서? 떠나기까지 치열했던 내 고민 탓에? 아님, 내 인생 최고의 반전이 될 좋은 예감 때문에?

어쨌든 난 며칠 동안 티켓을 닳도록 들여다보면서 괜히 히죽거렸다.

"다이렉트로 가는 편이 있다고 해도 노땡큐지! 암~ 스탑 오버를 많이 하는 것도 재미야, 재미!"

연애를 막 시작한 애인이 다 예뻐 보이듯 나를 먼 데로 데려가줄 티켓 한 장 한 장이 더없이 소중하고 애틋했다. 두려움 따위는 애써 마음 속 한쪽 귀퉁이에 짱 박아두었다.

그런데, 캐나다 영토에 진입한 순간!

천진난만 푸르른 나의 기대감은 조금씩 깜깜한 두려움에 잡아먹혔다.

"너 어디가?"

으레 물어보기 마련인 뻔한 질문에도 버벅대기 시작했다.

"나?... 나는... 저... 겔프? 겔프 가는데?"

"겔프? 거기가 어디야?"

"엥? 겔프, 몰라? 겔프가 아니면... 궐프? 음.. 그것도 아니면 궐프?"

"얘 뭐야? 수상한데?"

저희들끼리 뭐라뭐라 떠들더니 나를 이상한 데로 끌고 갔다.

"너, 어디 간다고? 구엘프 간다는 거야?"

(구엘프나 겔프나! 엇비슷하면 대충 좀 알아먹을 것이지!)

"어! 맞아 맞아!"

나는 표정만은 친절하게 웃으며 고개를 끄덕였다.

“너 거기 왜 가는데?”

“(음… 그게… 인생의 터닝 포인트로서… 아냐, 아냐! 음… 그러니까… 자연 속에서 나를 찾는… 음… 좀 어렵겠지만…. 그림에 대한 영감도 얻는… 휴, 아니다, 아니다, 됐다.) 그냥 영어공부 하러!”

“그래? 주거지는 있어?”

나는 애써 당당한 눈빛을 유지하려고 애쓰며, 주소를 내밀었다.

“물론! 여기 봐. 올리브 &… 귀도Guido? 가이도Guido? 하우스라고!”

배나온 아저씨들은 여전히 나를 의심스럽게 쏘아보았다.

“너 구엘프에서 대학 다녀? 평범한 학생이야?”

끈덕지게 뭔가 물어보더니, 어버버 영어를 구사하는 나한테서 별로 건질게 없다고 판단했는지 겨우 풀어주었다.

하지만 이번에는 픽업을 나오기로 약속한 중국인 기사아저씨가 한 시간 넘게 날 기다리게 했다. 아는 사람이라고는 사돈의 팔촌도 없는 캐나다 하늘 아래서, 픽업대행 중국인 아저씨는 내게 유일한 동아줄인데!

‘이 아저씨가 펑크를 내면 어쩌나? 홈스테이에 직접 전화를 해야 하나? 가만있어봐라. 전화가 몇 번인가? 핸드폰도 없는데……. 어디서 전화를 해야 하지?’

오만가지 생각의 퍼레이드가 줄을 잇는 중에
중국인 아저씨가 아무렇지도 않게 등장했다.

"미안! 차가 조금 밀렸어!"
'아니, 이 아저씨가 지금 장난하나! 길
바닥에 사람을 혼자 한 시간씩 세워 놓
고서는!'
한국에서 같으면 당장 한 마디 했을 테지
만, 영어로 길게 말해봐야 나만 속 터지는
거고!

"그래. 괜찮아!"

하고 말았다. 어정쩡하게 웃으며!
어금니를 앙다문 채로!!

그런데 그의 차 안에서 바라본 캐
나다의 창밖 풍경이, 뜻밖에도
너무나 파랬다.

아, 서울에서 저런 하늘을 본 게 언제였나. 내가 아주 멀리 멀리 날아왔음을 깨달았다. 날씨는 조금 쌀쌀했다. 끈적이지 않고 까슬까슬한 공기 때문에 한결 기분이 좋아졌다. 온통 걱정과 두려움뿐이던 마음에 조금씩 볕이 들었다.

넘치는 초록의 풍경들이 마치 〈빨강머리 앤〉 만화영화를 보는 것만 같았다. 내가 꼭 매튜 아저씨의 마차를 타고 처음 '초록지붕 집'으로 가던 날의 앤이 된 듯했다. 앤 셜리가 했던 말도 떠올랐다.

"앞일을 생각하는 건 즐거운 일이에요. 실망하지 않기 위해서 아무 것도 기대하지 않는 건 나쁜 거예요."

그래, 실망이 두려워 기대조차 하지 않는 건 나쁜 거야!
나는 캐나다 구엘프의 공기를 한껏 들이마셨다.
낯선 곳으로의 여행은 언제나 기대 반, 두려움 반!
마음이, 무슨 후라이드 반 양념 반 치킨도 아닌데 늘 자로 잰 듯 둘로 쪼개지기 마련이지.
반반치킨 같은 마음, 그 아슬아슬한 줄타기의 짜릿함이 여행을 떠나는 이유일지도!

올리브와
그이도 하우스

조금 뻔뻔스러우신 중국인 아저씨는 내가 홈스테이를 하게 될, 생면
부지 올리브네 집 앞에 나의 커다란 짐 두 개를 덩그러니 내려놓더니,
아주 쿨하게,

"굿 럭!" 외쳤다.

그리고는 휘리릭, 말 떨어지기가 무섭게 돌아섰다. 아저씨에게 나는
뭔가 할 말이 있는 사람처럼,

"아니, 저… 여보세요?… 그래도 그렇지, 이보… 아, 아저씨?"

더듬대다가 그의 차가 자리를 떠난 뒤에야

"아니, 저… 굿 럭…. 이라고요!"

혼자 맥없이 중얼거렸다.

나는 나의 짐들과 함께 잠시 올리브네 집 현관 앞에 서 있었다. 이제
혼자서, 씩씩하게 올리브네 집 안으로 들어가야 하는 거다. 호텔도 아

니고 게스트하우스도 아닌 캐나다의 가정집. 나는 공항에서보다 더 두려워졌다. 낯선 집 대문 앞에 혼자 서서 벨을 누르자니, 참 어색했다. 그래도 어쩌랴.

옷매무새를 괜히 한번 가다듬고, 조심스럽게 벨을 눌렀다. 그러자 영화에서만 보던 파란 눈의 백인 할머니, 할아버지께서 나오셨다. 우리들의 첫 만남이었다.

나를 보자, 그들도 사뭇 흥분되는 듯 했다. 그들 눈에도 아시아에서 온 내가 신기한 모양이었다. 내가 그들이 신기한 것처럼.

그들은 입을 커다랗게 벌리고 함박웃음을 지으며 나를 맞아주었다.

"우와~ 네가 우리 학생이구나! 널 얼마나 기다렸는지 몰라!"
올리브는 스스럼없이 내 두 볼에 가벼운 키스를 했다. 그녀의 에메랄드 눈동자가 반짝거렸다. 그이도 역시 올리브 뒤에서 아이처럼 손을 흔들었다.

"……. 아, 네! 반가워요."

나는, 제 발로 찾아와놓고서도 마치 납치라도 되어온 듯 잔뜩 긴장을 하며 집안으로 들어갔다. 여전히 어정쩡한 표정과 태도로 일관하는 나와 달리, 그들은 아주 익숙하게 움직였다. 지구 반 바퀴를 날아온 나를 위해 손수 짠 오렌지 주스를 내밀고, 나의 서툰 영어에 열심히 귀를 기울였다. 그리고 차근차근 내가 머물게 될 자신들의 집을 안내했다.
올리브네 집은 인터넷 사진보다 훨씬 예쁘고, 소박하고, 깨끗했다.

"이리 와봐. 이쪽이 네가 머물게 될 방이야."

나는 그들을 따라갔다. 큰 옷장과 더블사이즈 침대가 놓여있었다. 분
홍색으로 칠한 벽은 깔끔했다. 갓 세탁한 침대시트에서는 폴폴 향기
가 배어나왔다. 그런데도 나는 마음이 편치 않았다. 혼자 한 달 이상
남의 나라, 남의 집에 있어본 적이 없던 나. 나는 갑자기 끈 떨어진 연
처럼 휘청거렸고, 엄마 잃은 고아처럼 슬퍼졌다.
나는 나와 함께 날아온 무거운 짐만 겨우 방에 들여놓고, 방문을 닫았
다. 그러자 무사히 어딘가에 도착했다는 안도감과 내가 여기까지 무

엇을 찾으러 왔나, 하는 혼란에 휩싸여, 그만 찔끔 눈물이 나왔다. 헉, 이 뭔 눈물? 열 몇 살도 아니고, 스물 몇 살짜리가, 이 글로벌 시대에 웬 굴욕? 조금 멋쩍어져서 냉큼 마음을 수습했다.

"어쨌든 너무 어린 나이에 혼자 조기어학 연수를 가는 건 정말 반대야. 흑흑~ 애들이 얼마나 외롭고 힘들겠어! 특히 동양인이 거의 없는 이런 곳에 덩그러니…….이거는 쫌 아닌 것 같아!"

혼자 괜히 조기어학 연수 반대론자가 되어, 얼렁뚱땅 눈물을 모면했

다. 잠시 향기 나는 침대에서 뒹굴다 저녁 식사를 하러 내려갔다. 내 얼굴에 눈물자국이 있었는지, 올리브가 눈치를 살피면서 물었다.

"혼자 방에서 뭐했어?"

"(음…. 그게…. 무사히 도착했다는 안도감과… 아냐, 아냐! 음… 그러니까 낯선 환경에서 오는 불안감이… 휴, 아니다, 아니다, 됐다.) 그냥 조금 울었어요. 하지만 이젠 괜찮아요."

올리브는 어린 아이를 다루듯이 내 등을 토닥토닥 토닥여주었다. 그이도 역시 안쓰러운 눈빛으로 나를 그윽하게 바라보았다. 그들의 손길과 눈빛이 갑자기 오래 전부터 알아왔던 듯 익숙하고 정겨웠다. 하지만 나는 마음의 빗장을 더 단단히 잠갔다.

'어라? 우린 오늘 처음 본 사인데? 이 분들 너무 친절하신 거 아니야? 우리 엄마가 과도한 친절은 의심하랬는데?'

저녁 식사를 하는 내내, 나는 몇 마디 하지 않았다. 그들의 영어를 잘 알아듣기도 힘들었고, 오 분 동안 머리 굴려 겨우 한 마디씩 하는 것도 힘에 겨웠다.

"나 너무 피곤해. 오늘은 그만 올라가서 쉴게."

"그래그래. 넌 거의 스무 시간 넘게 비행기를 탔어. 얼마나 피곤하겠니? 얼른 쉬어야 해."

올리브와 그이도가 나를 위해 애써 준비한 음식들을 먹는 둥 마는 둥 했는데도 그들은 전혀 개의치 않았다. 최대한 불편하지 않게 배려하려는 마음이 역력했다. 도망치듯 방으로 가버린 나를, 그들은 그저 조심스럽게 쳐다보기만 했다.

한참 뒤에도 그이도는 그 첫 날을 종종 이야기했다.

"난 그 날을 잊지 못해. 소헌이 우리에게 온 날. 아주 큰 두 개의 수트 케이스를 가지고, 잔뜩 겁먹은 얼굴로 문 앞에 서 있던 아시아 소녀, 그게 소헌이었어. 얼마나 지치고 불안해보였는지 몰라."

그이도는 그 날의 내가 너무 안쓰러웠다고 했다. 오랫동안 어딘가에 갇혀있던 사람처럼, 불안한 경계심과 두려움이 가득해 보였다고. 나는 그 때 이야기가 나올 때마다 조금 쑥스러워 말을 얼른 돌린다.

"그이도!
나 소헌 아니라 I'm not So Hun!
소헌이야 I'm So Hyun!"

그러면 올리브와 그이도는 하하, 크게 웃으며 또 열심히 소헌 발음을 따라한다. 아무리 열심히 연습해도 또 소헌, 할 게 분명하지만!

내 인생의
길모퉁이에서

어느 날 갑자기 난,

커다란 가방만 들고

낯선 아주머니와 아저씨가 사는 집으로 왔어.

고아소녀 빨강머리 앤처럼.

앤이 도착한 초록지붕 집은 캐나다 동부의 끄트머리 에이번리.

내가 온 곳은 캐나다 남동부 구엘프의 작은 마을.

매튜와 마릴라 대신 이 곳에는

올리브와 그이도 부부가 살지.

〈빨강머리 앤〉에서 매튜와 마릴라가 남자 아이를 원했던 것처럼

올리브와 그이도도 남학생이 오기를 바랐다고 해.

닮은꼴이 되어버린 빨강머리 앤과 나.

앤 셜리는 자신을 원하지 않는 낯선 사람들의 집에서
외롭고 불안한 첫 날 밤을 지내야 했어.
올리브와 그이도는 남학생이 아니어도 날 반겨주었지만,
나 역시도 외롭고 불안하기는 마찬가지.

누구나 낯선 곳에서 맞는 첫 날밤은
고아가 된 것처럼 외로워.
다음에 어떤 길이 펼쳐질지 알 수 없는
길모퉁이에서의 불안감.
나는 지금 내 인생의 길모퉁이에 서 있어.

내 앞에는 쭉 뻗은 곧은길만 있을 것 같았어요.
그러나 지금 나는 구부러진 길모퉁이에 서 있어요.
그 길모퉁이 너머에 무엇이 있을지 몰라요.
그러나 가장 좋은 것이 있으리라 믿어요.

앤이 말했던 것처럼 나도 믿어.
내 인생에는 언제나 좋은 것이 기다리고 있을 거라고.

송곳을 숨기고
잠든 날들

'모 르 는 사 람' 집에 장기적으로 머문다는 것!
나에게는 참 쉽지 않은 결심이었다.

우리는 누구나 서로 '모르는 사람'이었어. 처음부터 '아는 사람'이었
던 적은 없잖아.

아무리 스스로를 안심시키려고 해도, '모르는 사람'에 대한 경계와 의
심은 풀어지지 않았다. '모르는 사람을 조심해.', '낯선 사람을 따라가
선 안 돼.' 어린 시절부터 귀에 못이 박히도록 교육과 훈련을 받은 덕
분일까? 좀처럼 선뜻 마음이 열리지 않았다.

구엘프 대학에서 추천해준(구엘프 대학에서는 홈스테이를 원하는 학
생의 정보를 받아 지역에서 홈스테이를 원하는 집과 짝을 맞춰준다.
학생이 싫다고 하면 다른 짝을 찾아서 맞춰주는 시스템. 올리브와 그
이도는 처음으로 홈스테이 신청을 한 경우였다.) 홈스테이 주인에 대
한 정보는 딸랑 종이 두 장이 전부! 그것만 믿고 일 년 이상 머물러야
한다니. 게다가 서류정보에는 올리브 할머니가 스모커^{smoker}라고 표시
되어 있었다.

"뭐야, 할아버지도 아니고 할머니가 흡연자? 무섭고 깐깐한 할머니 아닐까? 조금 젊은 사람들이 나을까? 다른 집으로 바꿀까? 그래도 집 분위기는 이 집이 제일 나은 것 같긴 한데……."

혼자 이러쿵저러쿵 궁리만 많았다. 특히, 친구네 집에서 본 '세기의 살인마'란 프로그램도 나의 의심에 한 몫 했다. 주인공이 영국에 연수를 왔는데, 홈스테이 주인이 살인마였다는 이야기. 나의 두려움과 경계를 극대화시키기에 충분한 내용이었다.

그러고 보니, 첨부된 올리브네 집 내부 사진이 더 의심스러웠다. 내가 쓸 방이라는 사진 속 침대 위에 이상한 인형이 놓인 것이다. 서양 공포 영화에 나올 법한 오래된 인형이었다.

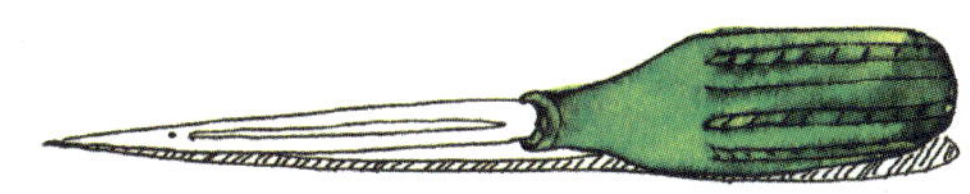

"혹시 이 상 한 취 미 가 있 는 사 람 들 아닐까? 평상시엔 멀쩡하다가 비만 오면 돌변하는……!"

혼자 아주 정통 미스터리 스릴러를 쓰다가, 찍다가 또 '아, 나 왜 이러지? 병인가? 약 먹어야 될까?' 도리질치곤 했다.

결국 만나본 올리브와 그이도는 사진처럼 무섭지도 깐깐해 보이지도 않았다. 그런데도 웬일인지 밤이 되어 혼자 침대에 누워있으려니까 온갖 망상들이 회오리처럼 불어오는 거였다. 피곤 때문에 몸은 천근만근인데도 눈은 점점 더 말똥말똥해지고, 이제껏 경험한 모든 공포 상황이 재현되었다.

"무슨 일이 생길지 몰라. 그 분들이 겉보기에는 한없이 선량해 보여도 12시가 되면 슬금슬금 나에게 접근해올지 어떻게 알아? 어떤 사람과 짜고 쳐들어올지도 몰라! 자, 일단 얼른 문을 잠그고……!"

그런데 아니, 이런! 모든 문에 락이 되지 않는 거였다.

"아하… 이것 봐. 이럴 줄 알았다니까. 무기가 필요해. 위기의 순간에 나를 지켜줄 만한…….."

생각다 못한 나는 그림 작업할 때 필요해서 가지고 온 송곳을 떠올렸다.

"옳거니, 바로 그거야!"

나는 송곳 두 개를 양손에 꼭 쥐고 다시 침대에 누웠다. 엎치락뒤치락하지도 않고 똑바로 누웠다. 무슨 일만 일어나 봐라, 냉큼 일어나 처치해줄 테다, 하듯이 비장한 마음으로 천장을 뚫어지게 쳐다봤다. 밤잠을 설치며, 한 사흘씩이나!

나중에 알고 봤더니, 사진 속 오래된 인형은 올리브가 사촌에게 선물 받았던 거였다.

"그 날, 인터넷에 올릴 사진 찍는다고 해서 데코레이션으로 급하게 갖다놓은 거였어, 그 인형!"

인간의 상상력은 얼마나 현실을 왜곡시키는지. 사진과 정보만으로 누군가를 상상하고 예측한다는 게 얼마나 허망한지! 사람은 겪어보지 않으면 알 수 없는 건데! 사람은 팩트만으로 설명할 수 없는 건데!

Olive & Guido,
Sorry~

STAR B

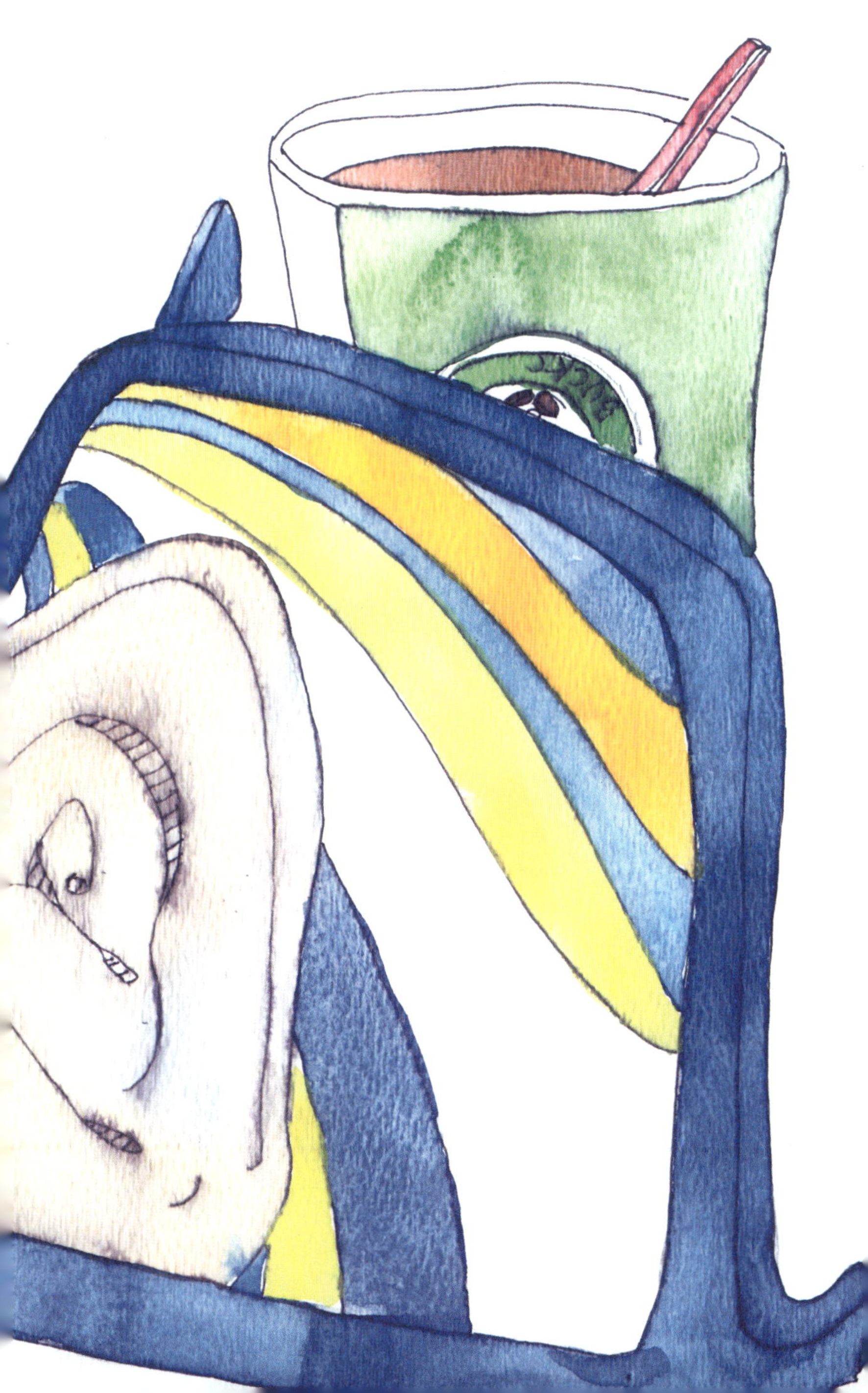

담배 피는
할머니 올리브

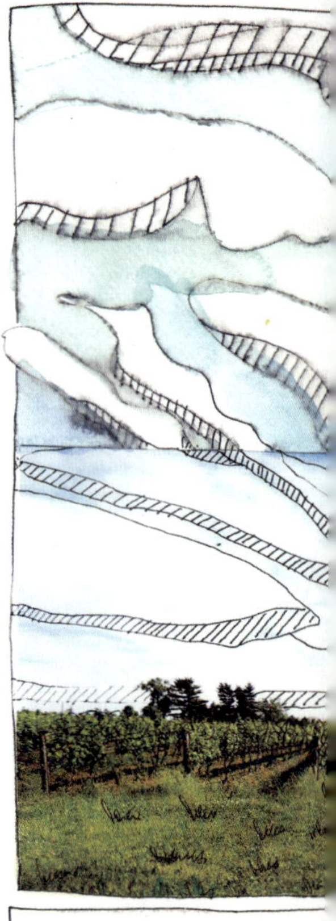

　"이제 그만 일어나야지~"
누군가 나를 깨워.
눈을 찌를 듯이 밝은 햇살이 방안에 가득해.
　"5분만, 5분만 있다가... 일어날게요."
한국말로 중얼거리는 나를 보면서 누가 정답게 웃어.
돌아가신 우리 할머니인줄 알았어.
그런데 자세히 보니, 올리브야.
아침에 못 일어나는 나를 깨우러 올리브가 온 거야.
그래, 맞다. 여기는 구엘프지.

아침에 일어나면 간단히 시리얼을 먹어.
점심은 각자 셀프로 샌드위치를 만들어 먹지.
그러나 저녁에는 언제나 푸짐한 요리야.
올리브가 날마다 정성껏 저녁식사를 준비하거든.
그녀는 매일 새로운 메뉴를 식탁에 올려.
우리 셋은 하루 동안 있었던
소소한 이야기들을 나누며 함께 식사를 해.

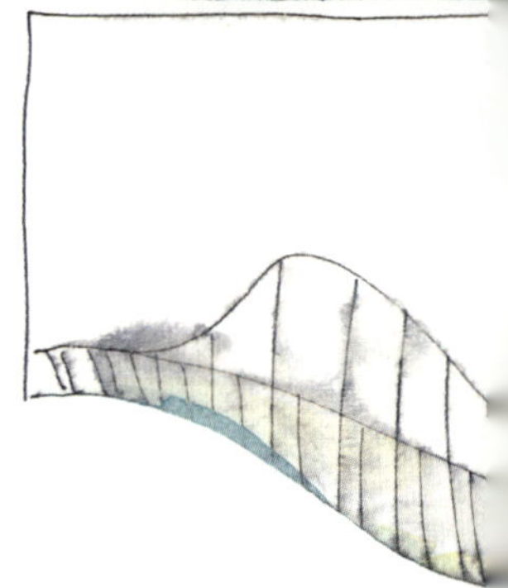

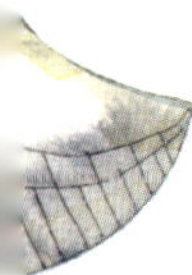

식사가 끝나면 올리브는 '식후 땡 담배'를 피우러 뜰에 나가.
그이도가 집안에 담배연기 배는 것을 싫어하거든.
올리브는 항상 뜰에 놓인 나무 의자에 앉아 담배를 피워.
그곳이 올리브가 담배를 피우는 지정석.

그런데 이상해.
늘 밝고 상냥하고 따뜻한 올리브인데,
나무의자에 앉아 담배를 피우는 모습은
유달리 쓸쓸하고 어두워 보여.
올리브가 담배를 피울 때마다
그이도는 촉촉한 눈빛으로 그녀를 바라보곤 해.

　'올리브가 담배 피우는 게 싫어서 그러나?'
　'담배 때문에 둘이 많이 싸우나?'

난 두 사람을 번갈아 쳐다보다가 뜰로 나가.
커피 한 잔을 들고 올리브 옆에 가만히 앉지.
담배연기를 싫어하면서도
올리브 옆에 앉아 커피 한 잔 마시는 시간이 좋아.

　"담배 맛있어요?"
내가 신기한 듯 물으면, 올리브는 웃으면서 고개를 저어.
　"맛도 없는데 왜 필까?"
그러면 올리브는 더 깊이 들이마신 연기를 내뿜어.
　"끊어야지……." 하면서.

담배를 피운다는 것만 빼면, 이 66세의 캐나다 할머니 올리브는 그야 말로 나무랄 데가 없어.

온 집안을 반들반들 윤이 나게 가꾸고, 식구들에게 맛있는 음식을 먹이는 게 행복인 일등주부야. 미싱 하나와 패브릭만 있으면 방마다 새로운 커튼에, 식탁보까지 뚝딱뚝딱 나와. 요술쟁이같아. 내 찢어진 청바지도 얼마나 감쪽같이 멋지게 고쳐주었는지 깜짝 놀랐어. 음식 솜씨도 뛰어나. 사람들은 올리브에게 레스토랑을 냈어야 했다고 늘 말해. 그럼 나도 한술 더 떠 거들지.

　　"올리브, 코리아에 가서 내가 캐네디언 레스토랑을 낼게요. 그 때
　　메인 쉐프로 와줘요."

농담처럼 말하면 올리브는 좋은 생각이라며 깔깔 웃어.

물론 그녀는 가족과의 시간을 빼앗기면서까지 바쁘게 일하며 큰돈을 벌고 싶어 하지는 않아. 검소하고 알뜰하게, 아껴 쓰면 될 만큼만 벌고 여유 있게 사는 것. 그게 올리브와 그이도가 사는 방식이야.

올리브는 가구 같은 살림살이 하나하나에도 무한한 애정을 쏟아.

　　"책상 위에 컵을 놓을 때는 꼭 컵받침을 이용해줘. 나의 책상이 조
　　금 걱정되거든."

뭐든지 이해해줄 것만 같은 너그러운 올리브에게도 마지노선이 있는 거야. 더러운 꼴은 못 봐. 어쩌다 식탁에 물을 쏟으면 곧장 마른 천으로 깨끗하게 닦아.

　　"가구에는 물이 닿으면 안 돼." 하면서.

부엌 여기저기를 하루에도 두세 번씩 닦아. 물기가 있으면 물때가 껴서 안 된다고. 덕분에 올리브의 살림살이는 항상 반짝거려. 빛이 나. 부지런한 올리브의 사랑을 받아서 의자 하나,

책상 하나까지도 생기가 넘쳐.

사 랑 받 으 면

생명이 없는 것들도 살아나나봐.
올리브는 닦고, 만들고, 꾸미는 게 행복하대.
표도 안 나는 그 노동들이 재미있대.

일하는 엄마, 바쁜 엄마와 20년을 넘게 산 나는
세상에 이런 엄마가 있다는 게 신기해.
헉, '살림'이 재밌는 거라니?
누군가 대신 해줬으면 싶은 귀찮은 일 아니었어?

나는 올리브의 부탁대로
컵받침 사용하는 것을 잊지 않으려고 노력하면서
자꾸만 혼자 웃어.

올리브를 점점 더
좋아할 것만 같다는 예감으로.
함께 레스토랑을 하는 상상으로.

오나가나 올빼미

14시간 시차가 나도,
현지시각 기준으로 올빼미!

WAKE UP!
so hyun! wake up!!!
Do you know
what time it is?
아, 조금만 있다가
버젓이 한국말로
여전히 한국말로
아, 알았어요, 일어날게요!
봐요, 일어났죠?
Waking up is
hard to do...
무슨 말인지 아리송~,
아직 제정신이 아니군!

회색의자와 합체된
할아버지 그이도

Guido!

"도대체 이 단어를 어떻게 발음해야 돼요?"

내가 따지듯 물었어.

사람들마다 조금씩 다 다르게 발음하는 통에 나는 더 헷갈렸거든.

"하하. 이탈리아 이름이라 그래. 우리 부모님이 이탈리아에서 이민 오
신 분들이라."

꺅~! 그이도에게 그 멋지다는 이탈리아 남자의 피가?

그러나 겉으로는 어디를 봐도, 쫌… 배 나오고, 머리가 벗겨진 이탈리
아 남자는 쫌…….

하지만 알면 알수록 그이도는 멋진 남자고,
멋진 아빠고 멋진 가장이야.
나이 70세에도 그는 컴퓨터에 대해 잘 알
고, 포토샵도 잘 다뤄.
몇 해 전부터 취미로 만들기 시작했다는 '액
자 만들기'도 수준급이야.
항상 깨끗하게 정돈된 작업실에서 뭐든 뚝
딱뚝딱 잘 고치고, 잘 만들지.

올리브는 모르는 일이 생기거나 문제가 발
생하면 제일 먼저 그이도를 불러.
올리브의 전용 119, 그이도.
그이도는 언제나 뭐든 '스마트'하게 잘 처리
해주니까. 나도 그이도 같은 남편이 있었으
면 좋겠다, 가끔 생각해.
내가 부르면 언제라도 짠, 나타나서
뭐든 척척 해결해주는 만능 남편!

그이도에게는 몸의 일부인 것처럼 꼭 맞는 회색 의자가 있어.

거실에 있는 대부분의 시간 동안 그는,

마치 회색 의자와 합체된 것처럼 붙어 있지.

회색 의자에 앉아 신문을 보거나 텔레비전 뉴스 보는 것을 좋아해.

특히, 아이스하키 보면서 맥주 마시기는 그가 가장 사랑하는 취미야.

텔레비전 채널권에 대한 욕심을 드러내는 모습은

마치 일곱 살짜리 아이 같아.

대한민국 남자들과 크게 다르지 않지.

그이도는 그이도의 회색의자에 앉아서, 올리브는 올리브의 의자에 앉아서, 나는 나의 중간 소파에 앉아서 텔레비전을 보다가 잠이 들어. 아주 평화로운 구엘프에서의 저녁 풍경. 그이도는 영어를 잘 못 알아듣는 나를 위해 항상 텔레비전 자막을 켜줘. 그리고 이것저것 천천히 설명을 해줘. 그럴 때면 난 꼭 이들 부부의 늦둥이 딸이 된 듯 해. 네 살배기가 부모님께 말을 배우듯 세상을 배우듯 그이도는 캐나다에서의 삶과 언어를 하나하나 내 손에 쥐어줘. 눈물이 많아서 어머니 이야기를 할 때면 눈동자가 금방 촉촉하고 빨개지는 그이도. 그이도는 자신의 어머니와 친구처럼 잘 지내준 올리브에게 늘 고맙다며 느닷없이 윙크를 날리는 남자이기도 해.

고등학생이었던 올리브에게 반해, 공장에서 번 돈을 차곡차곡 모아, 아주 작은 다이아몬드 반지를 사서, 뜨겁게 프러포즈를 했던, 20대의 그이도. 세월이 흘렀어도 그는, 50여 년 전 마음이 하나도 변하지 않은 것 같아. 쉽게 변하지 않는 마음은 귀하고 아름답지.

20년 동안 직원 85명을 이끄는 사장님이었던 그는 은퇴 후에도 예전 직원들과 친구처럼 지낼 만큼 사교성이 좋아. 늘 주변에 친구가 넘쳐. 그이도가 가까이 지내는 친구들을 집으로 초대하면 솜씨 좋은 올리브는 맛난 음식을 준비해. 이탈리아 남자답게 포도주를 즐기는 그이도는 집 지하실에서 직접 만든 포도주를 내와.

좋은 사람들과 소중한 것들을 나누며 사는 삶.
내 몸에 익숙한 것들 속에서 평화롭게 잠이 드는 생활.

그 정도의 행복이 어쩌면
우리가 모든 것을 던져서라도 얻고자 하는
삶의 궁극적인 목적이 아닐까.
우리 삶의 모습이 그래야 하지 않을까.
그 정도면 충분하지 않을까.

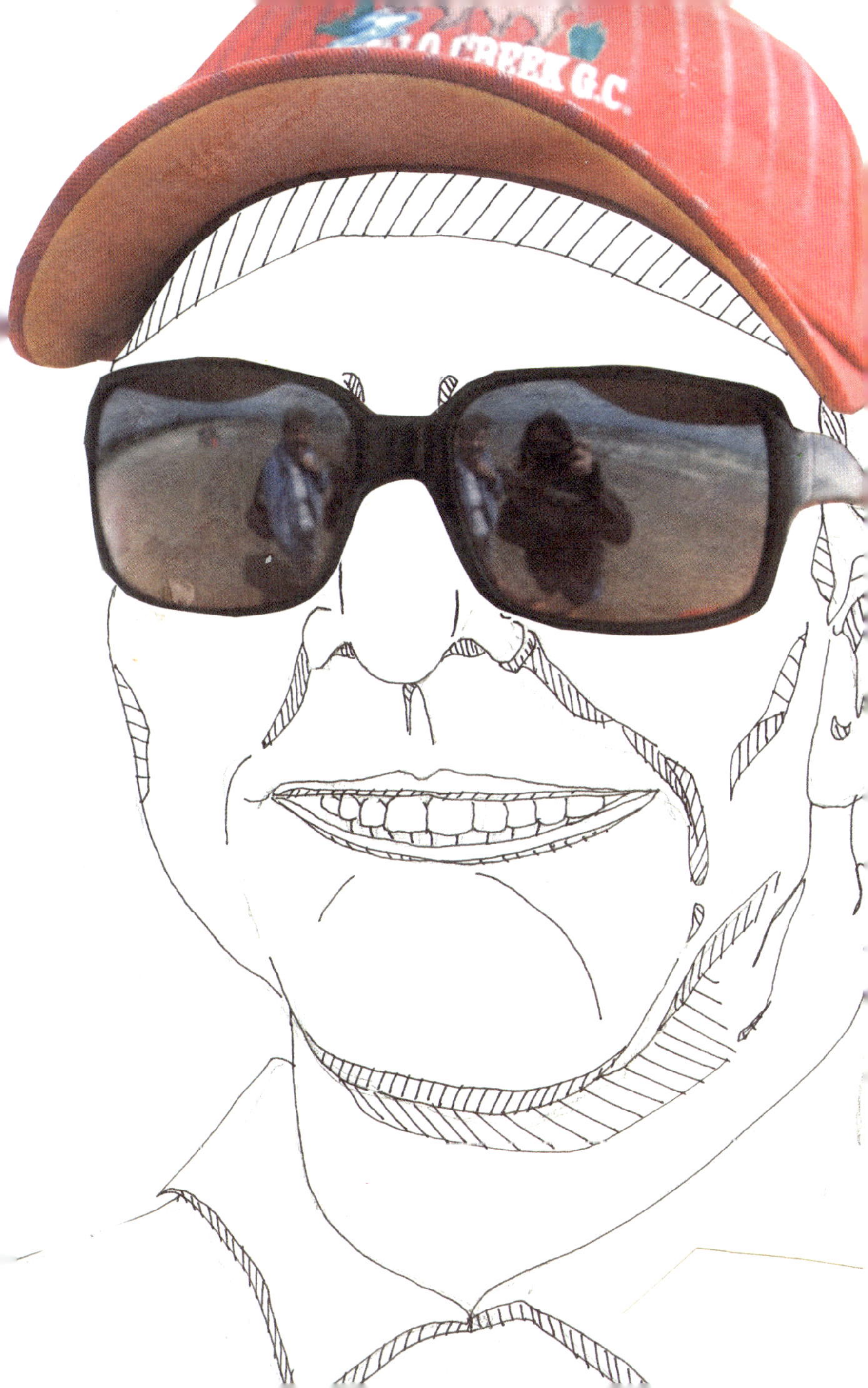
CREEK G.C.

나는 영어가 싫어요

Tico English
오늘부터 영어학원에 가.
헉! 마른하늘에 날벼락!
English Academy
Welcome!
What kind of car do you like?
ENGLISH 1t
바들바들
바들바들
English...
호랑이보다 무서운!!
앗, 영어나라 사람이닷!
두유 안 좋아해요... 우유 좋아해요...
울먹울먹
벤츠! BMW!
차는 역쉬 포르쉐쥐~!!

What kind of car do you like??
자동차라면... 티..코?
뭐래는 고얌!
쩝쩝
what ?
으아앙~
영어에 대한 아픈 기억이 떠오른다.
그러나 더 이상 피해갈 수 없는 영어.
음....
쿡, 역시나 최악의 성적...
구엘프에 와서 본 첫 반 배정 시험
1st Level TEST
Level 8
Level 9
Sohyun.
최하 레벨9 소현이라니...!
나는 영어가 싫어요!
살라샬라~ 영어달인이 되는 그날까지, 열공!!
걱정마, 우리가 도와줄게~ 파이팅!!

영어는 생활,
공부하지 말고 생활하자!

영어를 모국어처럼!
그러기 위해서는 영어를 엄마한테 배워라?

나는 말 배우는 아기처럼 올리브를 졸졸 따라다니며 영어를 배웠다.

　"올리브, 장 보러 가요~"
　"올리브, 커피 마시러 나갈까요?"
　"올리브, 쿠키 만들어 줘요!"

다행히 올리브는 말 많고, 수다 떨기 좋아하는 아줌마.
우리는 하루 종일 붙어 다니며 쉴 새 없이 떠들었다.
특히 올리브는 정확한 발음과 악센트를 가지고 있는
훌륭한 네이티브 스피커!

"내 말 알아듣겠니? 자, 다시 말해줄게."
"아니야, 그건 오 발음이 아니라 우 발음이야. 따라해 볼래? 우~
옳지! 잘했어."
"내가 옛날 사진 보여줄까? 옛날에는 어쩌구 저쩌구~."

올리브는 마치 자신의 아기들을 키울 때처럼
나에게 한 마디 한 마디 정성껏 일러주었다.

학교에서 레벨 1에 모인 친구들은
대부분 '어버버 영어'를 구사하는 수준.
학교에서 배우는 영어보다
올리브와 수다 떨며 배우는 게 훨씬 많았다.
나의 듣기능력과 말하기는 비슷한 수준의
다른 사람들보다 빠르게 늘었다.
지난 15년 간 배운 영어보다
올리브와 함께 한 몇 달 동안 배운 영어가
더 많이, 나를 움직였다.

시험 볼 게 아니라면 영어는
책상 앞에 앉아 공부할 게 아니라,
생활 속에서 사람을 만나야 한다.
사람과 어울리며 교감하고 소통할 때
비로소 언어가 빛나는 법.
그것이 언어가 필요한 이유니까.

일곱 살 아이처럼

학교 가기 전 날,
올리브는 내 손을 잡아끌었다.

"버스로 학교 가는 법을 알려줄게."
"매 시간마다 10분, 30분, 50분 버스가 올 거야.
 자, 봐. 여기 버스 시간표가 있지?"
"버스는 이곳에서 타는 거야. 알겠니?"
"티켓을 살 때는……."
"버스에서 내릴 때는 이렇게 여기 있는 벨을 누르면 돼."
"학교에 가서 교실을 찾을 때는……."
"집으로 돌아올 때는 아까 그곳에서 다시 버스를 타고……."

올리브는 덤벙거리는 내가 걱정이 되는 모양이었다.
마치 일곱 살 아이에게 하듯이 나에게
천천히, 자세한 설명을 이어갔다.

나는 마치 20년을 거슬러 올라가,
다시 어린 아이가 된 듯했다.

그 기분이 너무 좋아서 알아도 모르는 척
방실방실 웃으며 따라다녔다.
누군가의 따뜻한 품안에서 안전하게 보호받는 기분.
마음껏 기대도 좋은 누군가가 있다는 안심.
그것이 얼마나 사람을 편안하게 하는지.

다시 버스를 타고 집으로 돌아올 때
올리브와 나는 한 정거장 미리 버스에서 내렸다.

"날씨가 너무 좋아!"

동시에 외치며.

올리브는 사운드오브 뮤직의 도레미송을 흥얼거렸다.

나는 슬그머니 올리브의 팔짱을 끼었다.

"나, 당신이 참 좋아요!"

중얼거리며.

그 날, 올리브와 함께 본 노을이 너무 아름다웠다.

편지

넌
잘 있니,
그곳에서.

소박한 이곳에서
난
잘 지내.

여러 날이 지나도록 한 번도
한국 사람을 볼 수 없었어.
아무리 쏘다녀도 한 번도
아는 얼굴을 만나지 못했어.
내게 익숙한 한국말은 머릿속에만 갇혀 있어.
입은
낯선 언어만을 발음하느라 애쓰는 중.

익숙한 사람과 익숙한 언어를 절제하니까
마음에 조금씩 살이 쪄.

사람들과 얽히고설켜
말로 상처주고, 받으며
가슴 밑바닥까지
뼈가 훤히 드러날 만큼 메말랐다면
너도 이곳으로 와.

풍경만으로도 위로가 되는 곳이 있어.
마음이 아플 때는
때로 사람보다
하늘과 강과 나무가
더 큰 약이 될 수도 있다는 걸
이곳에서 배웠어.

산책을 하고
자전거를 타고
낙서를 하고
커피와 치즈 케이크을 먹으며
하루 종일 쉬어봐.

너무 놀았나,
죄책감을 갖지 않아도 돼.
또 빈둥대니,
핀잔을 줄 사람은 아무도 없어.

지금은
내 영혼을 돌보는 시간.

신경질이 늘었거나
다 재미없고 짜증이 나거나
아무 것도 하기 싫을 만큼
의욕이 없다면 너도
영혼을 돌볼 시간이 필요한 거야.

그럴 때는 너도
이곳으로 와.
풍경만으로도
위로가 되는 곳으로.

커플지옥
솔로천국

오랜 만에 만나자던 친구,
　"내 남자친구야!"
인사시키더니, 자기 남자친구 차에 날 태운다.
친구의 남자친구 차 뒷자리에 혼자 앉아,
멀리 밥 먹으러 갔다.
앞자리에 앉은 그들의 닭살행각을 지켜보면서.
우씨! 지들끼리 놀지, 날 왜 보재?

생일이다, 만난 지 몇 일이다,
때마다 여자친구 학교로 찾아와
'써프라이즈'
해주는 별난 남자친구.
부러우면 지는 거다, 입술을 깨물다가도
생일날 혼자 라면 먹고 나면
나도 모르게 심술이 뻗친다.
아니, 조용한 데 가서 지들끼리 놀지, 왜 학교에서 난리야?

"야야, 외국 나가면 동양 여자들 인기 많대."
근거도 없는 위로 남발해주는 고마운 친구들.
　"혹시 알아? 캐나다에서 멋진 남친 만날지?"
내심 부푼 기대를 안고 고향 땅을 떠나왔건만!

드라마틱한 캐나다 풍광 속에서
수위 높은 애정행각을 벌이는
커플남녀들이 심심찮게 목격되건만!
동양여자치고는 큰 키에,
긴 생머리도 아니고,
그렇다고 가늘고 길게 찢어진 눈도 아닌 나는
여전히 이곳에서도 모태솔로
학교에는 원더걸스를 좋아하는 중국 남자들뿐.

벤치 위에 다정히 앉아
아주 제대로 염장질 해주시는 커플을 곁눈질한다.

오, 커플지옥 솔로천국!

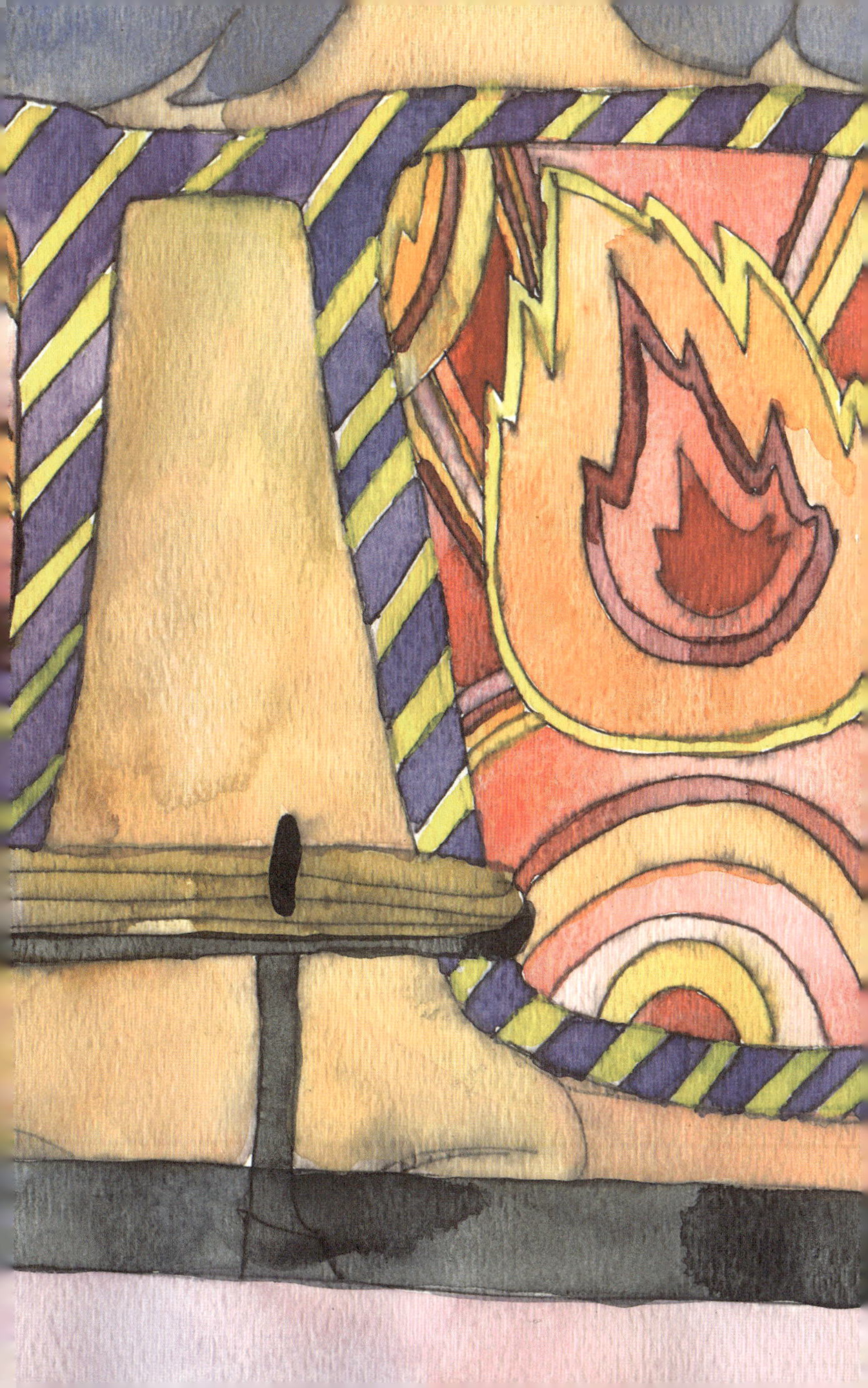

Don't be blue!

♪ **Don't be blue!**
우울해 하지 마세요
이 노래를 부르면 언제나
맑고 화창한 날만 계속 될 거예요.

도로시의 집

같은 동네에 사는 유일한 한국 학생 발견! 그녀의 이름은 진주.
라면을 좋아하고, 김치를 그리워하는 한국 사람이라는 이유만으로,
우리는 급 친해졌다.
그녀가 머무는 집에도 초대되었다.

올리브와 함께 노란색 벽과 파란색 지붕을 가진 진주네 집에 갔다.
그러나 정리가 되지 않은 그 집의 정원을 보자마자,
올리브는 깜짝 놀랐다.

"오즈의 마법사에 나오는 도로시의 집 같아."
"회오리 바람 때문에 마법의 세계로 날아간 그 도로시?"
"맞아. 태풍과 회오리를 맞은 집은 엉망이 되고,
도로시도 날아가잖아."

푸핫! 나는 갑자기 웃음이 터졌다.

정리정돈의 여왕인 올리브에게는

이 집 정원이 회오리 맞은 쑥대밭으로 보였던 거다.

그러나 나에게는
자유분방한 식물들이
저마다 춤추는 느낌이었다고나 할까?
내 말에, 이번에는 올리브가 빵 터졌다.

그 '도로시의 집'에는 여자들만 산다.

진주네 홈스테이 맘은 딸 셋을 둔 레즈비언.

원래는 남자와 결혼해서, 딸들도 얻었다. 그러나 이혼 후 자신의 성 정체성에 혼란을 느끼며 레즈비언임을 깨달았다고. 현재 그녀는 호탕한 성격의 애인과 엄마의 성적 취향을 이해해 주는 딸들과 함께 '도로시의 집'에서 행복하게, 자유롭게 살고 있다.

강력한 자줏빛 빨강색으로 인테리어 된 '도로시의 집'에는 올리브네 집에서처럼 매일 저녁 새로운 메뉴로 차려지는 식탁은 없다. 각자 식료품 저장실인 팬트리pantry에서 원하는 시간에 원하는 것을 꺼내 먹는다. 먹고 싶은 것이 있으면 메모지에 적어서 붙여 놓으면 된다. 언뜻 보면 무심한 듯 보이지만, 서로가 서로를 방해하거나 구속하지 않는 선에서 규칙이 잘 유지되고 있다. 그래도 진주는 홈스테이 맘이 아시아에서 온 자신을 위해 어디선가 밥솥을 구해다 놓고, 자신은 먹지도 않는 아시아 음식들을 잔뜩 사다주는 방식으로 애정과 성의를 표현하는 것에 충분히 만족스러워 했다.

'도로시의 집'에는 진주 말고도 독일에서 온 마이클이라는 대학생이 한 명 더 있었다. 그는 게이였다. 마이클은 홈스테이 주인이 레즈비언이라서 이 집에 들어오게 되었다고 했다. 성적 소수자로서의 연대감으로 그들은 서로를 편견 없이 이해하며 좋은 관계를 맺고 있었다.

'다름'을 인정하고 받아들이는 마음 하나로
불편과 갈등 없이 살아가는 '도로시의 집' 사람들.
올리브와 나는 그 집을 나오면서 영화 〈오즈의 마법사〉의
메인 테마곡이었던 오버 더 레인보우Over the Rainbow를 흥얼거렸다.

저기 어딘가, 무지개 너머, 저 높은 곳에

언젠가 자장가에서 들었던 나라가 있어.

저기 어딘가, 무지개 너머, 하늘이 푸른 곳에,

네가 감히 꿈꿔왔던 일들이 정말 현실로 나타나는 나라.

무지개 저 너머를 꿈꾸는 사람들.
그러나 서로가 서로의 다양성을 이해하고 사랑하여,
진정으로 우리가 자유로울 수 있다면
지금 여기,
우리가 서 있는 이곳이
바로 무지개 너머일지도 모른다.

고양이 데미안

매우 자유로운 도로시의 집!
검은고양이 데미안도 자유롭게!

화장실에서도
싱크대에서도
계단에서도
여기저기서 불쑥불쑥

누군가의 자유를
인정하고 허용한다는 것은
많은 너그러움과 내공이 필요한 듯!

차고 안에서 줄넘기

먹고 놀고 쉬는 건 좋은데 자꾸 살이 찌는 건 곤란해.
고열량의 음식이 넘쳐나는 구엘프에서 내가 살들을 관리하는 유일한
방법은 줄넘기! 앞마당에서, 쏟아지는 별을 보며 폴짝폴짝 줄넘기를
하다보면 내 몸의 군더더기들이 사르르 흘러내리는 느낌이다.
그런데 날씨가 점점 추워지면서, 앞마당 줄넘기에 제동이 걸렸다.
　"추워서 자꾸 운동하는 게 귀찮아져요."

저녁 식사 때, 내가 시무룩한 표정으로 말하자,
그이도가 대뜸 일어났다.
　　"그래? 그럼 차고에서 해! 이리 와봐."
밥 먹다 말고 그이도가 나를 데려간 곳은 그가 사랑하는 차고이자 창고.
　　"여기가 넓고 좋아. 네가 줄넘기를 하겠다면 그 시간에 맞춰
　　내가 차를 밖으로 빼놓으마."
　　"아니에요. 그렇게까지 귀찮게 해드리고 싶지는 않아요."
　　"귀찮기는! 난 네가 스스로 건강을 지키려는 모습이 보기 좋단다.
　　운동만 열심히 한다면 그 까짓게 뭐 그리 힘든 일이겠니?"

든든한 그이도의 지원에 나는 다시 힘이 났다.
매일 저녁 그이도의 차고에서 다시 폴짝폴짝 줄넘기를 시작했다.
적당한 운동, 풍족한 사랑!
나의 하루는 토실토실 알차다.

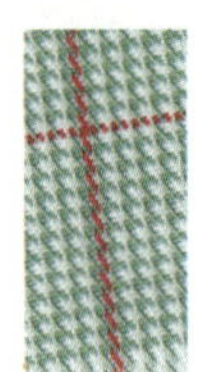

새벽공기

새벽 2시에 잠들었다가 5시에 깼다.

잠이 오지 않는 새벽.

창문을 열었더니 시원한 공기가 한 아름 나를 반긴다.

몸속 구석구석까지 맑게 씻어주는 찬 공기,

"이 곳의
음식은 사람의
체형을 바꿔."

진주가 말했다.

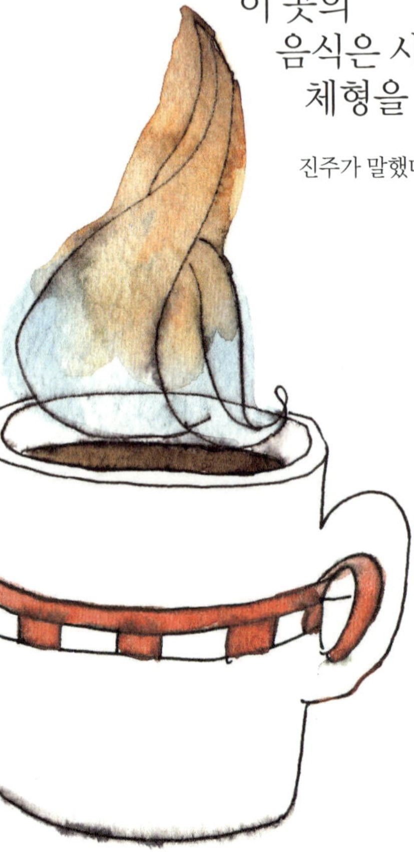

하루가 다르게 뚱보를 만드는 캐나다 가정식.
게다가 올리브는 단 하루도 같은 메뉴를 식탁에 올리지 않는다.
자신이 직접 만든 레시피 책을 여러 권 가지고 있을 정도로
요리를 사랑하는 올리브.
매일 나에게 무엇을 해줄까 고민한다.
그 정성 덕에 나는 눈에 띄게 살이 쩌버렸다.
그런데도 참 이상하지?

매일매일 새로운 음식을 푸짐하게 먹는데도
늘 제대로 먹은 게 없는 듯한 허전함.

엄 마 의 따 뜻 한 밥 과 된 장 찌 개 ,
엄마의 단골 반찬가게 밑반찬도 그립다.

아,
나의 소울 푸드!

그녀의 초록색 다이닝룸

올리브가 사랑하는 초록색 부엌이에요.

그녀는 부엌에 있을 때 가장 행복해 보여요.

누군가를 위해 음식을 준비하고 테이블을 꾸미는 그녀의 손길.

그녀의 손길이 닿으면 금세 모든 게 달라져요.

저것도 먹을 수 있는 건가 싶던 것들이 군침 도는 음식이 되고,

쓸모없을 것 같던 천 조각 하나도 꽃처럼 피어나요.

나도 언젠가는 올리브처럼
나만의 초록색 부엌을 가질 수 있을까요?
그곳에서 사랑하는 사람들을 위해
따뜻하고 맛있는 밥을 지을 수 있을까요?

그이도가 준 선물

내가 만든 그림엽서를 올리브와 그이도에게 주었다.

그랬더니 다음 날,

그이도가 소년처럼 웃으며

내 앞에 무언가를 내민다.

그가 직접 만든 파란색 액자였다.

은퇴 후 액자 만드는 게 취미인 그이도.

나를 위해 만들었다며 쑥스럽게 웃는다.

서   로   가

서   로   에   게

무언가를 내어주려고 하는 마음

그 게   바 로

선 물 이 다

I made it for my Korean daughter

가을이 왔다 갔다

가을이 왔다 갔다
짧아서 더욱 눈부신 계절
사무치게 아름다운
구 엘 프 의   가 을

메모

가족이란

마구 솟구친 것이…….
어디서 많이 본 듯한!

오라, 그것은 바로,
만화 〈드래곤 볼〉에
나오는 손오공의 모습!

그러나 괜찮습니다.
부스스 잠깬 후줄근한 모습도
아무렇지 않게 봐주는 것.
그게 가족입니다.

나의 새로운 가족

아침잠이 많은 나는 종종 늦잠을 자.
그런 날은 학교에 늦을까봐
올리브가 나를 학교까지 차로 데려다 줘.
덜렁대는 나 때문에 올리브는 더 바빠졌어.
내가 잃어버린 카메라 주머니를 만들어주고,
내 찢어진 가방을 얼른 다시 꿰매주고,
나를 학교까지 데려다 주고.

시베리안 허스키를 특히 무서워하는 나 때문에
그이도는 항상 내 옆을 지켜줘.
　"걱정마. 널 해치지 않아."
다정하게 나를 안심시키면서.

어린 남동생과 언니가 있는 난,
별로 주목받지 못하는 둘째.
그 어디에서도, 누군가의 관심과 사랑을 독차지해본 적 없던 나.

그러나 구엘프에서는 달라.
그이도와 올리브는 하루 종일
나에게 무엇을 보여줄지,
나에게 무엇을 먹일지,
나에게 어떤 추억을 만들어줄지,
나를 데리고 어디를 갈지,
끊임없이 생각하고, 움직여줘.
난 올리브와 그이도의 사랑을 흠뻑 받는 늦둥이 딸.
올리브와 그이도는 나의 새로운 엄마, 아빠.

난 그들을 위해서 아무 것도 해준 게 없는데도
그들은 늘,
"네가 우리 곁에 있어줘서 행복해!"
라고 말해.

내가 영어를 잘 못 알아들어도

낯선 음식이 입에 맞지 않아 잘 못 먹어도

늦잠을 자도

언제나 '괜찮다'고 말해주는 올리브와 그이도.

그 '괜찮다'는 한 마디에 정말 모든 게 다 괜찮은 게 돼.

내가 걱정하고 불안해했던 것들이 아무 것도 아닌 게 돼.

너그러운 허용에 잠시 최면이 걸리나봐.

진짜로 다 괜찮을지도 모른다는.

그동안 내내 주눅 들어 살았었던 나.

너무나 열심히 사는 사람들이 많은 사회 속에서

너무나 잘난 사람들이 많은 사회 속에서

조금이라도 게으르거나, 모자라면 다그치고 비난하는 사회 속에서

지치고 불안했던 나.

하지만 난, 이제 괜찮아.

너그럽고 사랑 많은,

새로운 엄마, 아빠가 생겼거든!

감춰진 슬픔

올리브와 그이도의 집 벽난로 위에는 하나님 형상을 본뜬
자그마한 동상이 있어.
올리브는 매일 밤 잠들기 전에 그 동상에 입을 맞춰.
처음에는 그저 하나님께 올리는 기도와 키스인가보다 했어.
그런데 어느 날, 가까이 옆에서 들으니까 낮은 목소리로
'굿나잇, 쉐인!' 하는 거야.

　"쉐인? 쉐인이 누구에요?"
무심코 내가 물었어.
그런데 갑자기 올리브의 눈에서 왈칵 눈물이 샘솟아.
　"어, 올리브. 미안해요. 난 그저… 궁금해서."
내가 당황하자 올리브는 괜찮다며, 애써 웃음 지어.
　"쉐인은… 나의 아들."
울먹이는 목소리로 겨우 말하는 거야.
　"쉐인은 지금… 이 동상 안에 있어. 지난 해 우리 곁을 떠났거든."
그리고는 또 한참을 숨죽여 울다가,

"He is my heaven..." 하고 말해.
"그 아이는 나와 늘 함께 있어." 라면서.

나도 모르게 가슴 속에서 뜨거운 것이 울컥 올라와서,
조용히 올리브를 안았어.
난 더 이상 아무 것도 묻지 못했어, 차마.
말로 꺼내놓을 때마다 새로운 생채기가 날 만큼
힘든 상처가 있는 거잖아, 누구에게든.
그래서 무조건 안아줄 사람이 필요한 거잖아, 누구든.
난 올리브와 그이도를 오래오래 꼭 안아주고 싶었어.
우린 새로운 가족이 되었으니까.

"He is my heaven..."

울어도 괜찮아요, 올리브

해가 지는 저녁 무렵,

올리브는 나무 의자에 앉아 담배를 피워요.

그녀의 눈은 아주 먼 데를 보고 있어요.

슬픔 한 방울 눈가에 매단 채로.

그리고 한참 만에 입을 열었어요.

　　"나의 이야기를 듣고 싶니?"

올리브는 참 행복했어요.

자상한 남편 그이도,

착한 딸 쉘리,

그리고 자랑스런 아들 쉐인이 있었거든요.

그러나 누구의 인생도 한결같이 평탄할 수만은 없잖아요.

굴곡이 없는 건 인생이 아니니까요.

남편 그이도는 사업 실패로 큰 빚을 졌어요.

늘 최선을 다해 살았지만,

모든 게 뜻대로 되지는 않았죠.

아내 올리브는 남의 집 청소를 해주고, 식당에서 접시도 닦았어요.

물론 힘든 일이었지만, 참을 수 있었죠.

살다보면, 더 힘든 일도 많으니까요.

그이도는 올리브에게 변함없이 최고의 남편이었어요.

죽을 때까지 올리브의 곁을 지켜 줄 단 한 사람.

딸 쉘리는 남자와 가출까지 하며 방황했어요.

사랑을 잃고 돌아와서는 폭식으로 하루하루를 보냈지요.

어릴 때부터 소아비만이었던 딸은 점점 고도비만이 되어갔어요.

그런 모습을 지켜봐야 하는 게 마음 아팠던 엄마 올리브.

하지만 끝까지 믿고 기다려줬어요, 엄마니까.

이제는 독립해서 꿋꿋하게 살아가고 있는 딸.

올리브에게 쉘리는

여전히 세상에서 가장 착한 딸이에요.

아들 쉐인은 건강하고 똑똑했어요.

구엘프 대학을 나왔고, 석사까지 마친 엘리트였어요.

늘 엄마, 아빠의 자랑이고 희망이었던 쉐인.

그런 쉐인이 어느 날,

스스로 세상을 버렸어요.

공부를 마치고 토론토에서 혼자 살고 있던 쉐인.
무엇이 그를 힘들게 했는지
엄마, 아빠는 아직도 정확히 알지 못해요.
몸이 좋지 않다며, 엄마 아빠 집으로 와서
며칠 쉬었을 뿐이었거든요.
집에서 쉬었더니 좋아졌다고 하면서,
다시 토론토로 가겠다고 했던 날.
유난히 밝고 따뜻했던 햇살을 받으며
쉐인이 손을 흔들었어요.

그게 마지막 모습일 줄은 꿈에도 몰랐죠.
그저 잘 다녀오라고,
아프면 언제든 또 오라고,
엄마 아빠는 그렇게 웃으며 보내줬는데요.
혼자 토론토로 돌아갔던 그 날 쉐인은,
아무도 모르게 혼자 떠났어요.
마지막 작별인사도 없이.

지금도 현관문을 활짝 열고 웃으며 들어올 것만 같은 쉐인.

엄마 올리브는 모든 게 자신의 잘못인 것만 같아요.
아들을 지켜주지 못한 게 한없이 미안하기만 해요.
혼자서 얼마나 힘들었을까,
외로웠을까 생각하면 엄마는 숨을 쉬는 것도 힘이 들어요.
가슴이 답답해서 미칠 것만 같죠.
그래서 담배를 피우기 시작했어요.
나무의자에 앉아 담배를 피우며,
올리브는 날마다 쉐인을 생각해요.

갓 태어났을 때의 쉐인,
아장아장 걸음마 배울 때의 쉐인,
처음 엄마라고 불어주었을 때의 쉐인,
믿음직스럽게 엄마를 안아주던 쉐인,
마지막 날 엄마를 향해 웃으며 손을 흔들고 가던 쉐인.

엄마는 어느 것 하나도 잊지 않고 살아가요.
가끔은 그 기억들 때문에 힘들기도 해요.
말없이 떠난 쉐인이 밉기도 하지요.
그러나 엄마 올리브에게 쉐인은 아직도,
여전히 가장 자랑스럽고, 그리운 아들이에요.

아들이 보고 싶어도
소리도 못 내고 죄인처럼 숨죽여 우는 올리브,
그 일이 당신 탓은 아니에요.
누구의 잘못도 아니잖아요.

이제는
울고 싶으면 마음껏 울어요.
가끔은 울어도 괜찮아요, 올리브.

쉐인의 신발

쉐인은 떠났어도
쉐인의 신발은 엄마 아빠의 곁에 남아 있다.
아직 쉐인을 기억하고 있을 쉐인의 신발.

떠난 쉐인도,
남은 그의 신발도,
외롭고 가엾다.

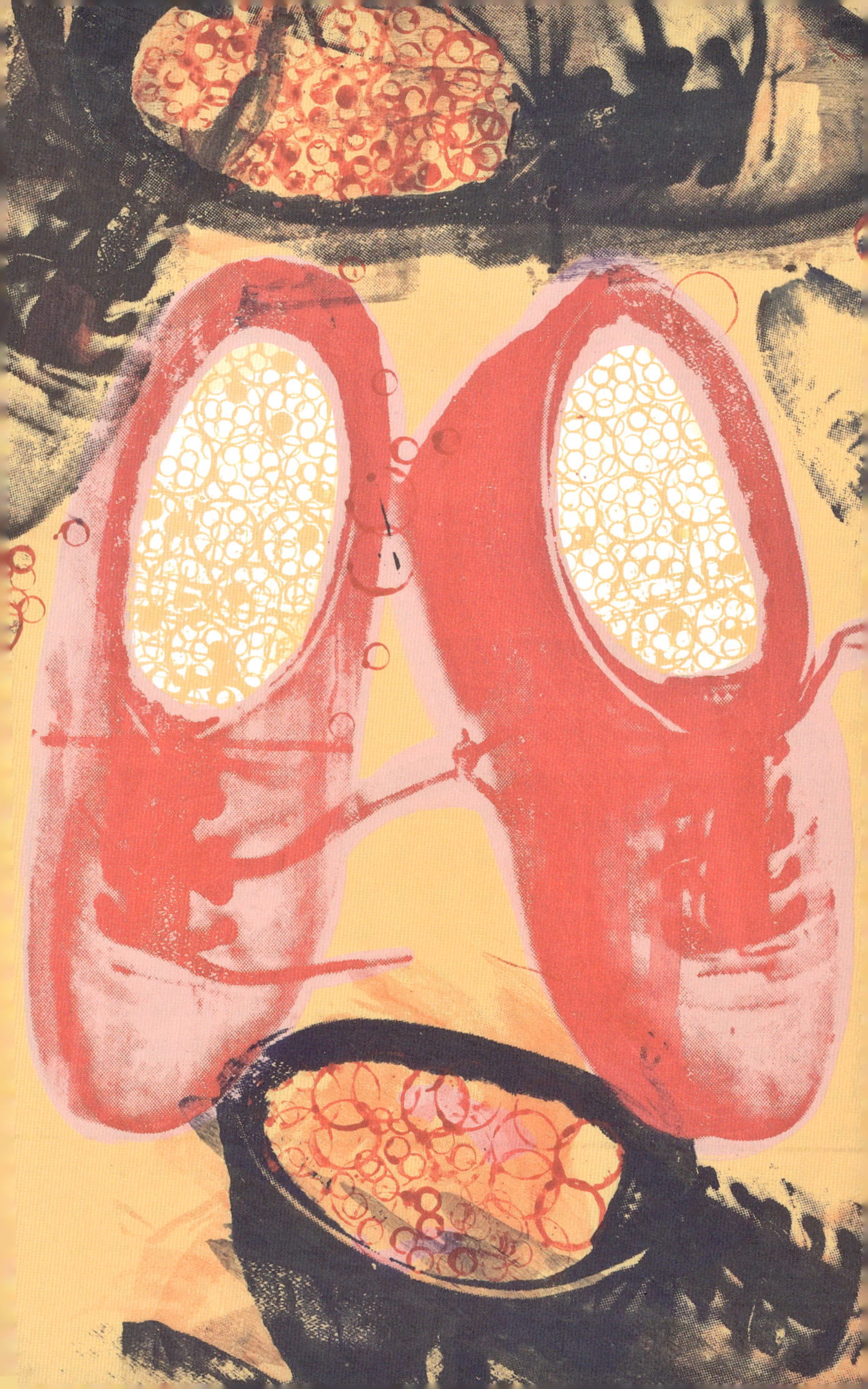

그이도의 눈물

아들을 먼저 보낸 그이도.

사람 좋아하고 늘 유쾌하던 그이도가 쉐인을 잃고 울보가 됐습니다.

돌아가신 어머니 이야기만 꺼내도 곧잘 눈가가 빨개지고,

담배 피우는 올리브를 바라보다가도 괜히 눈물을 글썽입니다.

늙으면 쓸데없이 눈물만 많아져,

애써 피해보려 해도 숨겨지지가 않습니다.

아내와 자신의 남은 인생이 눈물뿐일 것 같아, 더 안타깝습니다.

세상을 다 잃은 듯 무너져 내린 아내에게

다시 힘을 주고 싶어 했던 그이도.

> "구엘프 대학에서 홈스테이 신청을 받는다는데,
> 우리도 해볼까?"
> "……."
> "집안에 새롭고 젊은 학생이 들어오면
> 우리 생활도 조금은 활기를 찾지 않을까?"
> "……."

어떤 것에도 의욕이 없던 올리브를 그이도는 여러 번 설득했습니다. 쉐
인의 향기가 너무 많이 남은 집에서, 오로지 쉐인 생각만 하다가는 몸
도 마음도 지쳐, 누구라도 먼저 쓰러져버릴 것만 같았기 때문입니다.

"새로운 사람이 집에 들어와서, 그 사람에게 관심
을 쏟다보면, 훨씬 쉐인 생각이 덜 날 거야. 그래
야 우리가 다시 살 수 있어. 그렇게 하자."

그이도의 설득 끝에 두 사람은 처음으로 홈스테이를 하게 되었습니다.
새로 올 학생을 위해 방을 꾸미고, 청소를 하고, 사진을 찍었습니다.
쉐인을 닮은 남학생을 기다리며 설레었습니다.
'코리아'라는 데가 어디에 있는 어떤 나라인지도 자세히 몰랐던 올리
브가, 새로 만날 가족을 위해 코리아에 대해 공부했습니다.
쌀을 좋아하는 나라에서 올 학생을 위해 쌀로 만드는 여러 가지 요리
도 궁리했습니다. 그이도는 그렇게라도 조금씩 슬픔을 이겨내는 올리
브가 다행스러웠습니다.

올리브가 좋다면 그것이 무엇이든 자신도 다 좋다는
그이도.

그이도는
평생토록 자신의 옆을 지켜준 아내
올리브만 보면
고맙고 안쓰러워, 자꾸만 눈가에 눈물이 맺힙니다.

길 위의 노부부

위험천만한 무단횡단처럼,
우리가 사는 이 세상은 하루하루가 지뢰밭길입니다.
오늘 하루를 무사히 넘겼다면 그것만으로도 기적인 인생!
주위를 쌩쌩 지나치는 자동차들을 간신히 피해가며
지금까지 50년을 함께 한 부부. 여전히 길은 계속되고,
위험이 도사리고 있는 길 위에 무방비로 서 있지만, 올리브와 그이도는
마지막 순간까지 서로가 서로에게 의지해 걸어가겠지요.
한 날 한 시에 함께 떠날 수는 없겠지만,
생을 마치는 그 순간까지도
서로의 손을 놓지는 않겠지요.

스피드 강가에서

구엘프를 가로지르는 스피드강가에 나왔습니다.

강가에 서면,
모든 게 흘러갑니다.
강물 위에 비친 구름도 흘러가고
강물 위에 띄운 나무배도 흘러가고
강물 속에서 헤엄치는 물고기 떼도 흘러갑니다.

우리 삶에서 만나는 모든 일들도
하나하나 흘러갑니다.
좋은 일도, 나쁜 일도
다 흘러갑니다.
흘러 흘러 가다보면,
걸러지고 닦여져 그런대로 또 흘러갑니다.

큰 바윗덩이 하나 만났다고
흐름을 멈추는 강물은 없습니다.
끝까지 흘러가는 것,
그것이 강물의 약속입니다.
끝까지 살아야 하는 것,
그것이 모든 살아있는 것들의 약속이듯이.

기억을 묻은 공원

그이도가 약속이 있어 외출한 저녁.

"우리도 나가자, 하비스HARVEY'S 버거 먹으러 갈래?"

올리브의 제안에 나는 신이 나서 따라나섰다.

원하는 대로 야채도 듬뿍 많이 얹어주면서 추가로 돈을 더 받지는 않는, 착한 캐나다 햄버거 가게. 하비스에서 배를 채운 뒤, 우리는 다정하게 손을 꼭 잡고 걸었다. 다운타운 이곳저곳을 둘러보다가 발걸음을 옮긴 어느 공원.

"이 곳에는 내가 사랑한 사람들이 잠들어 있어."

비석 하나하나마다 이 땅에 머물렀던 사람들의 흔적이 오롯이 새겨져 있다. 구엘프에서 태어나 구엘프에서 자라고, 구엘프에서 생을 마치게 될 올리브와 그이도는 사랑했던 많은 사람들을 구엘프의 이 공원에 묻었다. 그리고 자신들도 이 공원 어딘가에 묻힐 것이다.

"나는 형제가 열 명이나 돼. 어려서부터 복작복작 아웅다웅 재미있게 지냈는데, 어느 날 오빠와 남동생을 먼저 보냈어. 여기가 우리 오빠와 동생의 묘야."

올리브는 그리움에 젖어 비석을 쓰다듬었다. 먼저 간 그들과 보냈던 아름다운 기억들이 또 화르르, 불꽃처럼 되살아나는 듯 했다. 몇 걸음 더 옮겨간 비석에도 물을 주었다.

"이곳은 내가 사랑한 우리 부모님이 계신 곳. 그리고 저기는 그이도의 부모님이 계신 곳…….

우리 아버지는 심장마비로 갑자기 돌아가셨고, 열 명의 아이들을 낳고 기른 우리 어머니는 루게릭병으로 돌아가셨어."

담담하게 말을 이어가는 올리브의 목소리에서 진한 인생의 깊이가 느껴졌다. 하나 둘, 사랑했던 사람들을 먼저 보내야 하는 아픔. 그 아픔을 딛고 '받아들임'을 배운 사람에게서만 느낄 수 있는 깊이였다. 자신의 감정을 조절하고 이겨낸 그 힘으로 만들어졌을 평상심.

차곡차곡 쌓아놓은 추억들이 생생한데, 그것들을 다 어쩌라고 먼저 가냐, 울고 떼써도 거스를 수 없는 현실. 폭풍이 몰아치고 거친 회오리가 일 듯 마음이 요동칠 때, 사람들은 그 고개를 넘지 못해 쓰러지기도 하고 포기하기도 한다. 그러나 그 혼란을 다 겪고, 절망과 체념까지 넘은 자리에는 결국 '받아들임'이 있다. 평상심으로 돌아온, 한결 성숙해진 나 자신과 마주선 자리. 환갑을 지난 올리브는 지금 그런 자리에 와 있는 듯 했다.

"이 곳은 나와 그이도, 그리고 딸 쉘리가 묻힐 곳이야."

올리브는 도화지의 여백 같은 공간을 바라보며 말했다.

"나의 딸 쉘리도 이 공원을 참 좋아해. 비석에 새겨진 한 사람 한 사람의 역사를 되짚어보고, 상상해 보는 것만으로도 인생이 아름답게 느껴진대. 쉘리는 아마 아이를 가지지 못할 거야. 결혼해서 아이를 갖기에는 너무 늦은 것 같아. 그래도 괜찮아. 쉘리에게는 아직 나와 그이도가 있으니까."

올리브는 쉘리를 떠올리며 간신히 미소를 지었다. 그 미소 끝자락에
는 애써 감추고 있는 쉐인에 대한 기억도 묻어 있었다. 차마 이 공원에
묻지 못하고, 집 안 거실의 벽난로 위에 아직 그대로 있는 쉐인.

쉐인과의 기억은 올리브가 세상을 떠나는 날까지 올리브의 가슴 속에
살아있다가 그녀와 함께 이곳에 묻힐 수 있을 것이다.

어슴푸레 넘어가는 햇살을 비끼고 선 비석들. 그 사이에서 운동을 하
고, 이야기를 나누는 평온한 사람들. 그들 사이를 지나오면서 가만히
올리브의 손을 꼭 잡았다.

쉐인의 사고가 있던 날.
넋이 나간 올리브와 그이도를 가장 먼저 찾아와준 건 이웃에 사는
로이드와 글로리아였다.
로이드는 사건을 수습하고 장례 절차를 꼼꼼하게 챙겨줬다.
글로리아는 모든 것이 무너져 내린 올리브의 곁을 지켜주었다.
아픈 사람에게 손을 내밀어주고,
쓰러진 사람에게 따뜻한 물과 음식을 가져다주는 마음.
그런 마음이 서로를 살린다.

아무리 넘기 힘든 거센 강물도
서로가 서로에게 밧줄이 되고, 버팀목이 되면
넘어갈 수 있다.
함께 살아갈 수밖에 없도록 만들어진 사람의 삶.
가까이 있는 사람들을 귀하게 여겨야 하는 이유가 바로 여기 있다.

"한국에도 이웃사촌 이라는 말이 있어요."

내가 알려주자, 올리브는 완전 공감이다.

언어가 달라도, 생김이 달라도,
사람이 사는 곳은 어디든
어쩜 이렇게 똑같을까?

로이드와 글로리아,
그이도와 올리브.

두 부부는 함께 식사를 할 수 있고,
함께 산책을 할 수 있는 좋은 이웃이 있어,
자신들의 삶이 더 행복해졌다고 서로에게 감사한다.

문 꼭꼭 걸어 잠그고
누가 옆집에 사는 줄도 모른 채 살아가지는 말아야겠다.
누가 옆에 살든 말든 무관심하게 살아가는 삶의 태도는
정작 나 자신을 가장 불행하게 한다는 사실,
잊지 말아야겠다.

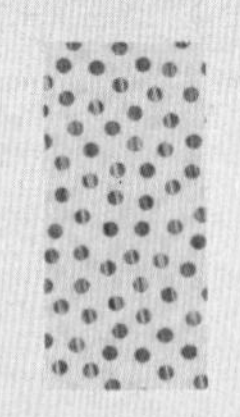

시간을 거꾸로 거슬러

올리브와 그이도는 어려서부터 한 동네에서 살았다.
그이도는 아홉 살 때 구엘프로 이사왔지만,
올리브는 구엘프 본토박이.
이번 주말, 그이도와 함께 그들이 유년 시절을 보낸
옛 동네에 놀러갔다.
흰색 벽과 푸른 회색 지붕을 가진 그이도의 옛 집.
한 눈에도 오래되어 보이는 올리브의 붉은 벽돌집.
두 집은 한 골목에 나란히 있었다.

"저 골목 끝 집이 우리 집이었고,
건너편에 저 집이 올리브의 집이었어."
그이도의 설명을 들으며 바라보니, 오륙십 년의 세월이 흘렀는데도
아무 것도 달라진 게 없는 듯 했다. 눈앞에 어린 그이도와 올리브가 뛰
어노는 모습이 손에 잡힐 것 같다.

십남매가 늘 시끌벅적 모여 살던 올리브네 집.
열 명의 아이들이 북적거리기에는 비좁았을 옛날 집이다.
올리브는 한 침대에서 네 명의 언니들과 함께 뒹굴며 자기도 했다.
형 하나밖에 없던 그이도는 어려서부터
올리브네 집이 부러웠다.

"나도 여기서 같이 살고 싶어."
그이도는 맨날 올리브네 집에 놀러갔다.
그녀의 오빠들과 집 근처 냇가에서 수영도 하고,
공원에서 술래잡기도 했다.
여름이면 올리브네 형제들과 함께 밤하늘의 별을 보다가
베란다에서 잠들기도 했다.
올리브와 그이도의 인연은
그 까마득한 옛날로 거슬러 올라가는 거다.

어린 올리브와 어린 그이도는 자신들이 부부가 되어
평생의 희노애락을 함께 하며 살게 될 것이라는 걸,
그 때는 아마 몰랐겠지.
제게 아주 익숙한,
제짝을 일찍 만난 그들의 진한 인연이 마냥 부럽다.

동네 옆 숲속에 있는 강가를 거닐었다.
"여름이면 이곳에서 우리는 하루 종일 놀았단다. 강물 위에 낙엽들이
그물망처럼 떠 있어서, 언뜻 보면 더러운 것 같지? 하지만 저 나뭇잎
들을 걷어내면 아주 깨끗한 강물이 보여. 그래서 우리는 항상 가위바
위보를 했단다. 지는 사람이 처음 다이빙을 하는 거야. 나뭇잎도 깨끗
이 치우고. 이 강은 참 훌륭한 놀이터였어."
그이도의 눈빛은 금세 60년 전으로 거슬러 올라간 듯,
아이처럼 반짝거렸다.

그에게도 삶의 불행들을 견디게 해주는 건강한 추억이 많구나!

어릴 때의 건강한 추억은 깊은 뿌리와 같아서,
아무리 강한 비바람이 불어와도 그 뿌리의 힘으로 버틸 수 있다.
추억이 빈곤하면, 뿌리의 힘이 약한 나무와 같다.
수학공부를 잘 한다고, 좋은 대학을 나왔다고,
뿌리가 튼튼해지지는 않아.
나는 조금 더 일찍 그 사실을 깨달았어야 했다.
아니, 아니다.
지금이라도 그 사실을 깨달아서 다행이다.

지금부터라도,
건강한 추억을 많이 만들어 내 뿌리를 튼튼하게
가꾸면 되는 거니까. 그것보다 더 중요한 일은 없는 거니까.

오랜 친구

오십 년 넘게 우정을 이어온 친구들.

올리브에게는 그런 친구가 있다.

바로 마린과 아이린.

그녀들은 일주일에 한 번 정도 까페에서 만나 수다를 떤다.

머리 하얗게 쉰 여자들끼리 만나, 하루 종일 깔깔대며 웃다가,

훌쩍훌쩍 울다가 시간가는 줄 모르게 수다를 떤다.

말이 많고 귀여운 아이린,

조금은 시크한 마린,

다정하게 중간역할을 하는 올리브.

세 사람은 어떤 이야기를 하든 쿵짝쿵짝 박자가 잘 맞는다.

셋은 늘 함께였으니까.
첫 사랑에 빠졌을 때도,
이별했을 때도,
결혼할 때도,
첫 아이를 낳을 때도,
그 아이를 잃었을 때도,
부모님이 돌아가셨을 때도
……

서로가 서로의 곁에 늘 있었다, 친구니까.

나에게 너무 착한 딸이 생겼어, 올리브의 자랑에
마린과 아이린은 당장 나를 보고 싶어 했다.
나는 그녀들의 모임에 초대되어,
감사의 뜻으로 그녀들의 모습을 그려주었다.
그녀들은 내가 그려준 그림을 들고 아이처럼 신이 났다.
나에게 나이 마흔, 쉰, 예순은 아직 까마득한 미래.
머릿속에 잘 그려지지도 않는 나이.

그러나 그녀들을 보고 있자니, 알겠다.
늙는 것도 불행한 건 아니란 걸.
그들처럼 오래오래 서로 만나면서 살면 되는 거다.
'내 슬픔을 등에 지고 가는 사람'이 친구라고 했던가.
그런 친구와 함께 소소한 일생을 나누며 살 수 있으면,
그러면 행복할 수 있을 거다.

그런 친구가 있다면 나는 부자인 거다.
질투와 시기로 인한 미움은 다 갖다버리고,

내 옆에 소중한 친구들을 오래오래 두려는 노력.
내 인생을 풍요롭게 만들어줄 첫 번째 숙제.

친구와 함께 있는 시간,

외로움과 고민을 잊고
잠시라도 웃을 수 있는 시간.

진실한 친구를 내 옆에 많이 두는 것이야말로
아이처럼 웃으며 살 수 있는
최선의 방법.

warn

올리브의 레시피

두꺼운 사전 두 개 정도의 레시피를 가지고 있는 올리브.

무게는 자그마치 3킬로그램.

가족을 먹여 살린 그녀의 흔적, 삶의 보물.

매일매일 그녀는 이 레시피를 뒤적거리며 생각한다.

　　"오늘은 무슨 케이크을 만들까?"

　　"내일은 어떤 샐러도 소스가 좋을까?"

단 한 번도 귀찮다 소리 없이,

반복되는 이 고민을 기꺼이 하는 올리브.

　　"매일 새로운 요리를 생각하려면 힘들고 귀찮지 않아요?"

　　"결혼한 지 50년이 지났으면 이제 밥해먹는 거,

　　지겨울 것 같아요!"

내 질문에 올리브는 따뜻하게 웃는다.

"

식구들이 먹을 음식을 만드는 건,
잠을 자고 화장실을 가고
밥벌이를 해야만 하는 것처럼
당연하고 자연스러운 거야.
생활의 일부분이지.

"

내가 지나가는 말로 티라미수 케이크가 먹고 싶다고 했더니,
그녀는 3킬로그램짜리 레시피를 낑낑 안고 나온다.
그리고는 8년 전에 친구가 준 '기가 막힌 티라미수 레시피'가 있다며
그 많은 레시피를 뒤적거렸다.
로즈베리 티라미수, 마스카포네 티라미수…….
수없이 많은 티라미수 가운데서 끝내 그

'기가 막힌 티라미수 레시피'

를 찾지는 못했다.
그러나 그녀는 이건 어떤 맛이고, 어떻게 만드는 건지
하나하나 말해주었다.
그녀의 설명이 끝났을 때는 왠지 그 티라미수들을 모두 맛본 듯
배가 불렀다.

그녀의 레시피를 통해 만들어진 음식들은 얼마나 많은 사람들에게
기쁨을 주었을까.
올리브의 레시피는 그냥 레시피가 아니라
평생토록 일군,
가장 풍요로운 사랑과 희생의 밭이다.

Olive's
Recipes

어떤 게으른 주말

학교 과제 걱정 안 해도 되고,

학교 가기 싫다는 생각과 싸우지 않아도 되고,

마침 생각의 정화를 위해 주문한 다량의 책들이 도착해서

번갈아가며 읽다가 뒹굴다가 읽다가 자다가를 반복하는 게으른 주말.

그이도가 며칠 플로리다로 떠나서

나와 올리브만 남은, 조금은 심심하기도 한 주말.

부지런한 올리브는 크리스마스 장식을 하느라 분주했다.

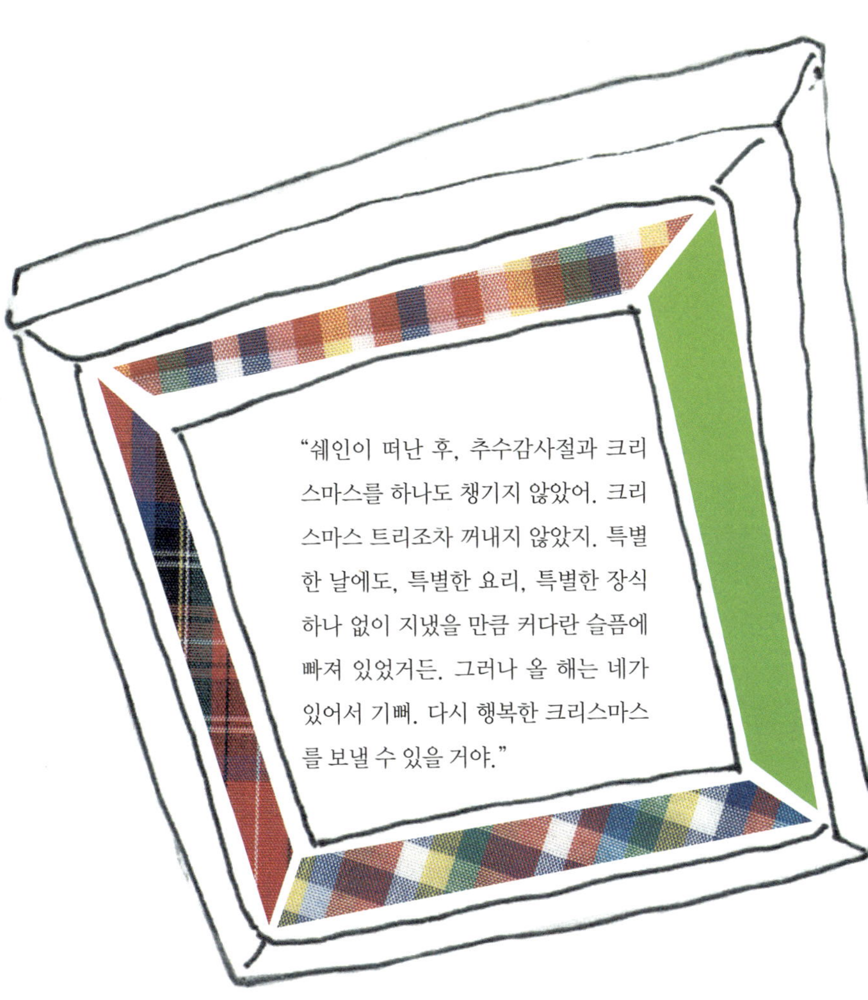

"쉐인이 떠난 후, 추수감사절과 크리스마스를 하나도 챙기지 않았어. 크리스마스 트리조차 꺼내지 않았지. 특별한 날에도, 특별한 요리, 특별한 장식 하나 없이 지냈을 만큼 커다란 슬픔에 빠져 있었거든. 그러나 올 해는 네가 있어서 기뻐. 다시 행복한 크리스마스를 보낼 수 있을 거야."

올리브는 날 보며 웃어주었다.

나도 마주보고 웃었다.

우리는 버튼을 누르면 '메리 크리스마스'하고

경쾌하게 말하는 트리를 만지며 깔깔댔다.

저녁때가 될 때까지 거실에서 함께 게으름을 부렸다.

올리브는 텔레비전을 보고, 나는 그 옆에서 책을 읽다가

텔레비전을 보다가 했다.

검소한 올리브는 뒤꿈치가 해진 양말을 손수 꿰매서 내게 보여줬다.

나는 어제 저녁에 먹었던 머스타드 소스가 맛있었다고 말했다.

　　"그 레시피, 나도 가지고 싶어요."

한 마디에 올리브는 나를 위한 그녀의 머스타드 소스 레시피를

다시 쓰기 시작했다.

한 시간을 끙끙대며 온스를 밀리리터로 일일이 바꾸어

내가 알기 쉽게 적어주었다.

그리고는 오른쪽 위에 '올리브'라고 이름을 썼다.

　　"이 레시피가 올리브로부터 시작 되었다는 증거야!"

올리브는 아이처럼 자랑하며 기뻐했다.

F
So hyun
SHELLEY
SHANE

해가 뉘엿뉘엿 저물어. 거실 가득 어둠이 퍼질 때쯤.
다시 올리브는 홈메이드 마요네즈를 만들어 저녁상을 차려주었다.
된장찌개와 고등어 반찬은 아니지만.
엄마가 정성껏 차려주는 저녁밥상은
한국이나 캐나다나 다를 게 없다.
사람을 살리는 식사.

그 안에 담긴 **사랑** 때문이다.

50센트짜리 슬리퍼

주말마다 집 앞에서 열리는 창고세일^{Garage sale} 구경을 나간다.

이번에는 50센트짜리 슬리퍼를 건졌다.

나에게 주는 크리스마스 선물.

1달러도 안 되는 돈으로

텍스^{Tax}도 안내고

마음에 쏙 드는 슬리퍼를 살 수 있는 곳.

누군가는 500달러 명품을 걸치고도 불행하고

누군가는 남이 쓰다 내놓은 50센트짜리 슬리퍼 하나로도

세상을 다 가진 듯 뿌듯하다.

돈의 가치란 그런 것.

구엘프의 겨울

유난히 춥고 긴 캐나다의 겨울.
한번 눈이 오면
온 땅을 다 집어삼킬 듯 무섭게,
눈이 쏟아지는 곳.

한치 앞도 안 보이게.
한 걸음도 더 앞으로 나아갈 수 없게.

그러나 겨울도, 눈보라도
다 지나가는 것.
인생도 그러한 것.

지나고 나면
모든 게 고요해지는 법.

슬픔도, 아픔도
소복소복 눈처럼 쌓였다가
언젠가는 서서히 녹아내리는 것.

나에게 주는 꽃다발

꿈을 다 이루지 못했어도 아직,
실패한 건 아니야.
뜻하지 않게 낯선 지구별에 떨어져서
부딪히고 깨지며 여기까지 온 것만으로도
위대해.

눈만 뜨면 매일매일 격변하는 이 혼란의 시대에
그래도 생을 부여잡고
이 만큼이라도 열심히 살아내고 있잖아.

결혼도, 연애도, 취업도, 꿈도
어느 것 하나 쉽게 잡히지 않는 스물다섯의 성장통.
오늘도 그 고개를 넘어가는 나에게
격려의 박수와 꽃다발을 건네.
나의 삶은 아직 가난하고, 너무 외롭고,
모든 게 불확실하지만 그래도 난 소중하잖아.

메리 크리스마스

창밖에는 하얀 눈이 쏟아져.
벽난로에서는 타닥타닥 따뜻한 불꽃이 타고 있어.
부드러운 카펫이 깔린 거실에는
크리스마스 꽃 포인세티아가 군데군데 놓였어.

향기 진한 생나무로 크리스마스 트리를 장식해.
올리브는 특별 요리를 준비하고
그이도는 흔들의자에 앉아 아이스 와인을 시음하지.
집안에는 달콤한 치즈케이크 냄새가 가득 퍼져 있어.

선물로 받은 스노우맨을 창가에 올려놓고
초록, 빨강 체크무늬 테이블보가 깔린 식탁 위에
촛대를 옮겨놓고 촛불을 켜.
흔들리는 촛불 속에서 문득
데자뷰,
마치 언젠가도 여기서 이렇게 크리스마스를 보냈던 것처럼.

이제 곧 친구들이
잔뜩 몰려오겠지.
서로가 서로에게
산타가 되어
갖고 싶던
선물도 나눌 거야.

따뜻하고
오붓한 파티에
당신을
초대하고 싶어,

메리 크리스마스!

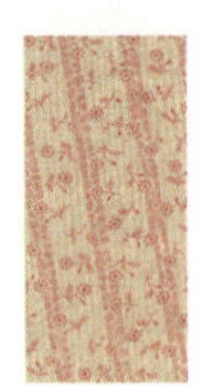

선물

나를 위해 준비했어.
많은 사람들 속에서도 특별히 나에게만.
울지 않고, 포기하지 않고
한 해 동안 잘 참아낸 나에게 주는 값진 선물.
내가 나에게 주는 선물.
이제는 내가
나의 산타가 되어주기로 했어.

초콜릿이
필요한 날에는

언젠가 읽었던 알랭드 보통의 〈동물원에 가기〉란 책이 문득 떠올랐다.
외로움과 우울증에 빠질까봐 주말마다 초콜릿을 쟁여놓는다는 구절.

늘 같은 장소에서,
늘 익숙한 사람들과
오늘도 어제처럼, 내일도 오늘처럼
따분하게 지내야 하는 하루하루가 싱거워질 때.
그럴 때면 나도
초콜릿이 필요하다.
책상 서랍 속에, 주머니 속에
달콤한 초콜릿을 넣어두고 하나씩 꺼내먹으며
나의 지루하고 남루한 일상을 위로받는다.

장갑을 끼고도 손이 시려, 언 손을 호호 불어 녹이다가
우연히 만나게 된 퀘벡의 어느 수제 초콜릿 가게.

유리창 너머로 슬쩍슬쩍 훔쳐보았던 초콜릿 가게 안의 풍경은
고스란히 나의 마음속에 황홀경으로 남아버렸다.
누군가에게 초콜릿은 그냥 초콜릿이 아니라

위로이며,
용기이고,
또한 새로운 힘이다.

매운 떡볶이의 맛

토론토까지 나가서 흰떡을 구해왔어. 어묵과 마늘과 양파까지 듬뿍 넣고 새빨간 고추장을 풀어 떡볶이를 만들었어. 그이도와 올리브는 태어나 처음 구경하는 이 음식이 신기해 어쩔 줄 몰라. 냄새만 맡아도 맵다며 놀라워 해. 새로운 음식으로 서로를 배우는 시간!

짜잔!

먹을 수 있을까, 아직도 망설이는 그이도와 올리브를 재촉해. 얼음물을 옆에 놓고 큰 용기를 내어 떡볶이를 먼저 시식한 그이도. 갑자기 얼굴이 빨개지더니, 눈까지 빨개지며 글썽이는 그이도. 그이도의 모습을 보자 갑자기 자신이 없어진 올리브는 결국 도망을 가. 나는 끝까지 올리브를 따라가서 떡볶이 맛을 보였어. 아주 조금 입에 댔을 뿐인데 숨도 제대로 못 쉬는 올리브.

"한국 사람들은 정말 강하구나. 이렇게 매운 맛도 참아내는 사람들이라면 어떤 어려움도 이겨내겠어."

그이도는 엄지손가락을 추켜세웠어.

"아암요, 그렇고 말고
요! 매운 맛을 알아야,
진정 인생의 매운 맛
도 이해하지요!"

257

쉐인의 생일

오늘은 쉐인의 생일.

일주일 전부터 그이도는 하루 종일 오페라를 보았어.

쉐인이 좋아했다는 오페라를 보면서 눈가를 적셨어.

올리브 앞에서 약한 모습 보일 수가 없어서,

마음껏 쉐인을 그리워하지도, 슬퍼하지도 못하던 그이도.

쉐인이 태어나던 그 해부터 아빠에게

오늘은 얼마나 특별한 날이었을까.

해마다 오늘, 아들의 생일 파티를 준비하며 행복했을 텐데.

이젠 더 이상 파티를 준비할 수 없는 생일이야.

그래도 생각보다 씩씩하게 오늘 하루를 잘 견뎌낸 올리브.

낮에 함께 몰^{mall}에 다녀오다가

우연이 길가에 떨어진 새의 깃털을 주우며 말했어.

"오~ 이 깃털은 쉐인이 하늘에서 내려준 걸지도 몰라.
오늘은 쉐인의 생일이잖아."

깃털 하나를 가슴에 꼭 품고 걷는 올리브의 뒷모습이 슬펐어.
깃털처럼, 먼지처럼 가뭇없이 사라져버린 쉐인.

쉐인,
네가 태어난 오늘.
난 하루 종일 너의 부모님 곁에 있었어.
너의 엄마, 아빠이자 나의 새로운 엄마, 아빠가 된
그이도와 올리브 곁에서.
숙제도, 그림도 잠시 미루고
함께 텔레비전을 보고, 함께 이야기를 나누고, 함께 식사를 했어.
내가 종달새처럼 떠들어 주면
그 분들의 슬픔이 조금이라도 덜어질까 싶어서.
아직 쉐인,
너로 인한 슬픔이 너무 크거든.

가끔, 아주 가끔씩은
죽을 만큼 힘들 때가 있지.
우리는 누구나 그런 때가 있어.
너도, 아주 많이 힘들었니?
너를 이렇게 사랑하는 엄마, 아빠에게도 말할 수 없을 만큼?
그렇더라도
조금만 더 붙잡고 견뎌보지 그랬어.
다시 살아야만 하는 이유를 찾을 수 있었을 텐데.
다시 살고 싶어졌을지도 모르는데.

지금 살아있다면 좋은 친구가 되었을 쉐인,
네가 살아있다면 나는
어쩌면 올리브와 그이도를 만날 수 없었겠지만,
그렇게 우리는 서로 비껴가는 운명이었을지라도
나는 너를 만난 적이 있는 것처럼 네가 가까워.
너의 생일을 축하해.

머묾

인생은 경쟁이 아니란다

올리브에게 말했다.

"서울에서의 삶은 치열했어요.
제 자신이 빈둥거리는 것 같고,
그럴 때마다 불안했어요.
남들과의 경쟁에서 뒤쳐질 것 같아 조바심이 들었죠.
매일 무언가를 이루기 위해 하나하나 결과를 쌓아가야 했으니까요.
그런데 이곳에서는 빈둥거려도 불안하지 않아요.
조바심보다는 안심이 되요. 내가 여행 중이기 때문일까요?
다시 돌아가면, 또 미래에 대해 불안해하고,
남들과 비교하고, 무엇인가 이루어야 한다는 강박에 시달리고,
옆집 언니보다 더 잘살아야지, 하는
유치한 경쟁심을 불태우게 될까요?
나는 그런 내가 싫은데……
도시에서의 내 삶은 자꾸만 그렇게 돼요.
난 왜 자꾸 조바심이 드는 걸까요?"

올리브가 말했다.

"얘야, 인생은 경쟁이 아니란다.
누군가를 이기기 위해, 누구보다 잘나가기 위해
우리가 사는 건 아니야.
인생은 하늘에서 내려준 축복이란다.
네 눈앞의 시간들을 낭비하지 말고,
너에게 주어진 일들을 적당히 즐기면서,
미래를 준비하는 거란다.
그 누구도 아닌 너 자신을 위해서 그렇게 살아야 해."

네 생각을 조금만
바꾸어 보렴.

BGM이 사라지면

늘 말이 많은 나.
하루 종일 속사포처럼 떠들어대며 미주알고주알 지껄이길 좋아해.
그래서 내 별명은 BGM.
어디서나 배경음악처럼 내 목소리가 흘러나오거든.

구엘프에서도 내 별명은 BGM.
아침에 눈 뜨자마자 그이도와 날씨에 대해 이야기 하고,
하루 일과에 대해 이야기 해.
담배를 피우는 올리브 옆에 앉아 밖에서 있었던 일에 대해
종알종알 떠들어 대고.
저녁 식탁에서도, 텔레비전을 보면서도 끊임없이 재잘재잘 대.
공원에 나가서도, 카페에서도 올리브와 올리브 친구들과
낯이 익은 상점의 주인들과도 안 되는 영어로 이야기를 나눠.
올리브와 그이도는 언제나 나의 서툰 영어수다를 재밌게 들어주었어.
　　"단어나 문법이 틀리는 걸 걱정하지 마. 넌 한국 사람이잖니?
　　틀리는 게 당연한 거야. 부끄러워할 필요 없어."

부족한 영어에 대한 걱정과 불안을 내려놓은 덕분에
나의 BGM은 일취월장.

그런데 얼마 전부터 BGM이 고장 났어.
사계절을 넘겨 지내고,
이제는 이곳에 뿌리를 내릴 수도 있을 만큼 익숙해졌는데,
다시 내가 떠나온 곳으로 돌아가야 하는 거야.
마라톤을 마친 선수처럼 지쳐있던 내게,
고아처럼 외롭던 내게,
다시 살아갈 힘과 위로를 준 올리브와 그이도.
그들과의 작별이 다가올수록 마음이 무거워.

the Democratic con-
ut for Clinton to cap-
omination she needs
ely abandon her pos-
aign and continue to
way at Obama.
has provided a com-
se for her candidacy
ter all, the superdele-
the power to end the
contest
Oba
sena
large
that
work
that
gover
bring
to Wa
ing a
cheese Bugers
Buger 3.00
coke 1.00
milk shake . . 1.
french fried . . .

BGM이 사라진 이 집은 얼마나 조용할까.
나뭇잎 떨어지는 소리도 들릴 만큼 조용한 이 집에서
올리브와 그이도가
다시 떠난 쉐인만을 그리워하며 살게 되지는 않을까?
올리브는 이제 담배를 끊겠다고 약속했는데,
심장병이 있는 그이도는 이제 운동을 해서 살을 좀 빼겠다고 했는데,
내가 없으면 누가 그 약속들을 챙기고 잔소리를 할지.

이별이 다가올수록
내가 떠난 후에 생길 빈자리가 자꾸만 아프다.
아파서, 자꾸만 말수가 줄어든다.
이별에 대한 걱정으로 고장나버린 BGM.

메노나이트의
치즈가게

얼마 남지 않은 시간은 너무 소중해.
일분일초가 아깝지.
못 해본 것, 더 해보고 싶은 것들이 많아.

Today : Crepe
$2.50
SOLD
VISA
CHEES
Red bull
2.00
2.50

구엘프에 온 지 얼마 안 됐을 때,
어색하게 첫 나들이 갔던 메노나이트 치즈가게에 다시 갔어.
광활한 농장과 다양한 치즈가 있는 그 곳.
여기서 작고 아담한 치즈가게를 하고 싶어!
평생토록 치즈만 팔면서 살다보면
단순하고 행복해질 것 같아!
십년 후, 아니 이십년 후에라도
내가 이곳에 다시 와서
치즈가게를 할 수 있을까?

노란 장미의 꽃말

어떤 장미를 좋아하세요?
전요, 노란 장미를 좋아해요.
근데, 노란 장미의 꽃말이 뭔지 아세요?
이별이에요.
그래서 자꾸만 사랑이 떠나나요?
이젠 노란 장미를 좋아하지 말까요?

언젠가 내가 물었어요.
내 말에 올리브는 잔잔히 웃었지요.

그리고 내가 구엘프를 떠나기 일주일 전,
올리브는 나에게 노란 장미를 주었어요.
조그만 선물과 함께.

네가 좋아하는 노란 장미야.
우리는 잠깐 헤어지지만
괜찮아.

I ♥ YOU!
olive said...
- Sohyun

어딘가에 네가 살고 있다는 것만으로도 난 행복해.
너도 그랬으면 좋겠구나.
이곳 구엘프에는 언제나 너를 사랑하는 우리가 살고 있단다.
너를 만나게 된 걸 감사해.
넌 나의 딸이란다!

나는 올리브를 꼭 안았어요.
언제든 내가 다시 올 때까지
아프지도 말고, 우울해하지도 말고,
건강하게 지내세요.
당신은 이제 나의 엄마에요.

아이스크림 같은 추억

간절히 떠나고 싶을 때
용기 내어 떠나길 참 잘했다,
그런 생각 들게 해준 사람들.

30대, 40대를 혹은 저 멀리 70대, 80대까지도
어떻게 살아야 하는 건지 수수께끼 같을 때
미로 속에 버려진 것 마냥 힘들었을 때
그 세월을 다 건너
나지막한 언덕배기에 머물러 있는 사람들을 만났지요.

인생은 경쟁이 아니라고,
너 자신은 너무 소중하다고,
부디 행복하라고
진심으로 말해준 사람들.
그들과 함께 한 추억은
연인보다 달콤하고, 따뜻했어요.
구엘프에서 머무는 동안
푸석푸석 메말랐던 나의 마음에 꽃이 피었어요.
이제 그 힘으로 나는
다시 살아낼 수 있을 거예요!

인연의 끈

보이지 않는 인연의 끈이
우리를 잇고 있었던 거죠.
우리가 아주 오랫동안 멀리 떨어져
아무 상관없이 살아왔다고 해도
우린
만날 수밖에 없었던 거죠.

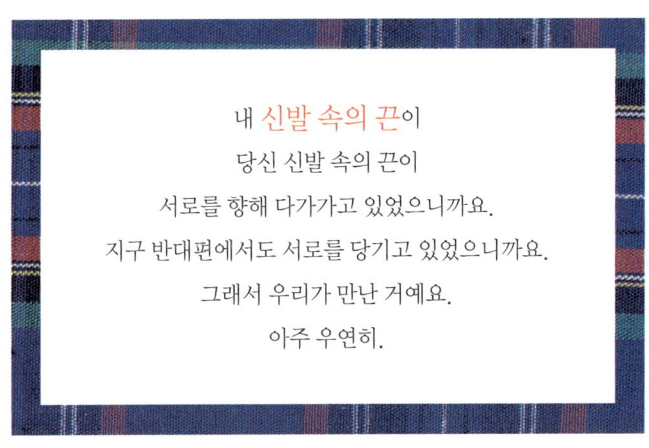

내 신발 속의 끈이
당신 신발 속의 끈이
서로를 향해 다가가고 있었으니까요.
지구 반대편에서도 서로를 당기고 있었으니까요.
그래서 우리가 만난 거예요.
아주 우연히.

영원히 죽지 않는 화분

마음이 전해지면 꽃이 핍니다.
마음에서 핀 꽃은
영원히 죽지 않습니다.

CORPORATION OF THE CITY OF GUELPH
Welcome to the
CITY
of
GUELPH
Population: 118,000

GOOD

BYE

MADE BY SOBAL

마음은 꽃밭, 2011 — 009

모두다 뒤엉켜버린, 2010 — 016

괴물이 된 여자, 2010 — 019

4년 동안의 향연, 163×130cm, 광목에 혼합재료, 2009 — 021

엄마의 자화상, 27.5×22cm, 종이에 혼합재료, 2011 — 023

보테로의 초상화, 72×50cm, 종이에 혼합재료, 2011 — 024

발톱의 꿈, 145×112cm, 광목에 혼합재료, 2008 — 026

퀘백의 햇살, 2011 — 028

Guelph로 출발하기 전, 설레임을 담은 비행기 안, 2011 — 030

삶, 너무나 괴로운, 2010 — 037

머릿속에 망치질, 2010 — 039

피터팬과의 모험, 2011 — 041

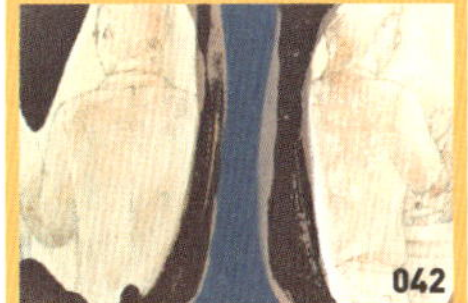

아버지의 신발, 71×90cm,
종이에 혼합재료, 실크스크린, 2011

나의 다리가 되어준 자전거, 2011

꿈꾸는 소발, 2010

마음에게의 사과, 2010

우리들의 사과, (41×31cm)×4, 광목에 혼
합재료, 꼴라쥬, 201

밤에 즐기는 올빼미, 2011

자화상, 2010

기억을 담은 신발, (21×29)cm×6, 종이에
혼합재료, 꼴라쥬, 2010

toronto_신발 박물관, 2010

made by sobal; 보통미래, (38×26cm)
×16, 광목에 혼합재료, 2008-2009

그 중에 인연, 71×90cm,
나무에 실크스크린, 2011

잘못된 만남_2, (32×44cm)×4,
종이에 혼합재료, 꼴라쥬, 2011

폴짝 팔짝, 20×20cm,
광목에 혼합재료, 2008

고마워, 힘이 된다,
광목에 혼합재료, 2009

익숙한 홍대 앞거리. 2011

구엘프의 공원. 2011

이소발의 마음을 담은 화분. 2010

마음의 선. 2010

올리브와 그이도의 일상. 2011

앤과 소발의 꿈꾸는 2층 창가. 2011

대화의 조건. 2010

포도밭에서의 올리브. 2011

의자와 합체된 그이도,
담배 피는 할머니 올리브.

내가 꿈꾸는 레스토랑, 2010

캐나다의 하키, 2011

그만의 와인 만드는 법, 2011

그이도 안에 우리 있다!, 2011

혼자인 것 같은 날, 2010

구엘프의 다운타운, 2011

구엘프의 성당과 노을, 2011

휴식, 2011

스피드 강의 풍경–스케치, 2011

커플지옥 솔로천국, 2010

진주와 소발 in University Center, 2011

다르다고 생각했지만, 다르지 않은. 진주
가 머무르고 있는 집. 2011

고양이 데미안, 2011

그들의 차고, 2011

익숙하지 않은 새벽공기, 2010

음식의 차이, 2011

올리브의 초록색 다이닝 룸, 2010

올리브의 라이스 푸딩, 2011

그이도가 준 선물, 2010

구엘프의 가을, 2010

스피드 강의 풍경, 2011

내 곁을 지켜주는…, 2010

올리브의 천사, 2011

쉐인의 남겨진 신발, 2011

올리브와 그이도의 젊은 날이
담겨있는 모퉁이, 2011

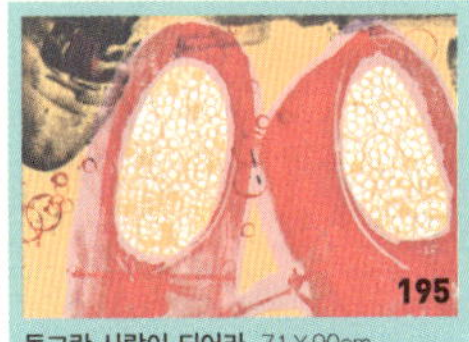

동그란 사람이 되어라, 71×90cm,
종이에 혼합재료, 실크스크린, 2011

그이도와 포도밭에서, 2010

길을 건너는 노부부, 2011

부부의 법칙, 2011

스피드 강에서의 카누, 2011

기억이 있는 공원, 2011

나무아래_ 올리브와 글로리아, 2011

로이드와 글로리아 부부, 2011

그이도와 올리브가 살던 동네, 2011

올리브의 깜찍한 친구 아이린, 2011

올리브의 새침한 친구 마린, 2011

남자들의 우정, 2011

함께 웃는다는 것, 2011

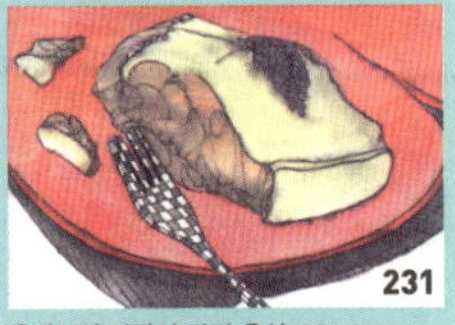

올리브의 사랑이 담긴 음식, 2011

올리브의 레시피, 2011

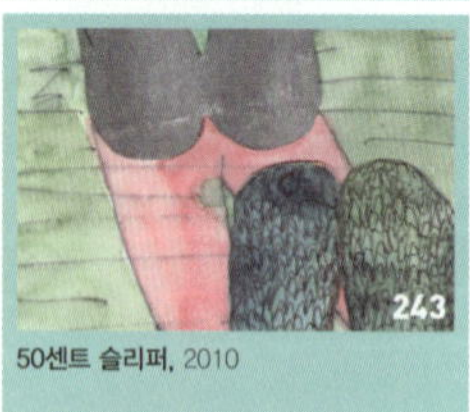

참을 수 없는 달콤함, 2010

어떤, 게으른 주말, 2010

따뜻함을 전해주는 그 집의 벽난로, 2011

50센트 슬리퍼, 2010

눈온 뒤 마을, 2011

눈오는 구엘프, 2011

그녀에게 주는 꽃다발 카드, 2011

올리브에게 만들어 준
메리크리스마스 카드, 2011

Boxing day의 풍경, 2011

생일 축하해, 2011

퀘백의 어느 초콜릿 가게, 2011

내가 만든 떡볶이, 2011

몬트리올의 기타치는 아저씨, 2010

스피드 강에서의 구애가, 2011

우리의 행복한 외식, 2010

메노나이트의 농장, 2011

메노나이트의 치즈가게, 2011

돌아가기 하루 전에 기억한 풍경, 2010

올리브가 준 노란 장미, 2011

그들이 나에게 준 사랑, 2010

함께 먹은 아이스 크림, 2011

인연의 끈 2, 38×26cm,
광목에 혼합재료, 2009

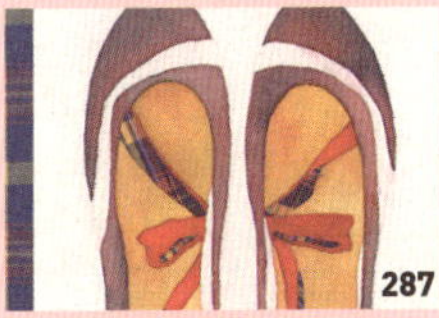

인연의 끈 3, 38×26cm,
광목에 혼합재료, 2009

영원히 죽지 않는 화분,
혼합재료, 2009–2010

Goog Bye, See you again, 2011